PAROLES DE Johnny

STÉPHANE DESCHAMPS
FRANK MARGERIN

UN CONCERT DE MERCIS

à toutes celles et ceux qui, un jour,
une nuit, se sont retrouvés avec
leur stylo, dictaphone, micro ou caméra
face à l'idole pour recueillir ses propos
sur ce drôle de métier et son incroyable vie
de star. Que vous soyez journaliste, éditeur,
animateur, auteur, biographe, producteur,
confident ... Vous avez retranscrit au fil
de sa carrière ses émotions et ses mots
les plus touchants sans jamais les érafler.
Aujourd'hui ces documents visuels,
sonores ou écrits (extraits cités
et compilés dans ce recueil) participent
à la mémoire du patrimoine Hallyday.
Que cette source n'en finisse jamais
de jaillir et d'arroser les prochaines
générations du mythe Johnny.

Au nom du rock'n' roll soyez-en remerciés !

Paroles de fan.

Nous remercions tout particulièrement
William Moreaux et les éditeurs
de chansons dont les extraits
sont cités dans ce livre.

Comme le chante si bien son meilleur ami, Eddy Mitchell, *C'est un rocker !*

Un blouson noir armé d'une guitare devenu le grand patron du rock'n'roll hexagonal. Johnny Hallyday, l'indestructible, affole les compteurs depuis plus de soixante ans : 100 millions de disques vendus, 3 000 concerts, une centaine de duos, une quarantaine de disques d'or, sans compter ceux de platine et de diamant, 7 victoires de la musique, 35 films, 2 000 couvertures de journaux et de magazines...

Et combien de fans pour idolâtrer notre plus grande star française ?

Enfant, sa tante Hélène Mar, ses cousines Desta et Menen lui dessinent une vie d'artiste, celle du saltimbanque infatigable « on the road again ».

Adolescent, Marlon Brando et James Dean le font rêver de cinéma. Le « King » Elvis l'inspire et lui donne l'envie d'avoir toujours envie de se rouler par terre sur scène en gémissant sa passion du rock.

Johnny enregistre un premier disque à 17 ans et ne cessera d'incarner la rock'n'roll attitude. Son charisme, sa gueule, son look, sa voix rauque, son sens de la mélodie, ses performances de bête de scène, ses excès, sa générosité, son romantisme, sa solitude, ses déprimes, ses talents d'acteur, sa liberté extrême en cheval d'acier, son désir de vitesse, sa combativité à toute épreuve vont édifier sa légende.

INTRO !

De Jean-Philippe Smet à Johnny Hallyday, l'idole des toujours jeunes pourrait se résumer en un seul adjectif : AUTHENTIQUE. À travers ses meilleurs mots, ses plus belles interviews, ses rares confidences, Johnny affiche ses vérités. Celles d'un homme empreint de sincérité, de clairvoyance, de sensibilité et d'amour envers sa famille et son public. Ce public des premiers instants qui ne le remerciera jamais assez de lui avoir fait découvrir, au tout début des années 60, cette musique binaire déferlant des États-Unis et modelée par ses idoles : Jerry Lee Lewis, Chuck Berry, Carl Perkins, Gene Vincent...

La vie de Johnny est un roman dont il est le héros. Une odyssée qu'il écrit à l'encre de ses blessures, de sa sueur et de ses joies depuis un certain 15 juin 1943. Johnny reste à jamais ce chanteur mythique au regard de loup, cet acteur passionné, et sous le crayon irrésistible de Frank Margerin, un attachant personnage de bande dessinée.

Johnny, *C'est un rocker.* Notre rocker !

Paroles de vieilles canailles.

Stéphane Deschamps

SOMMAIRE

.1.
LA JEUNESSE

JE SUIS NÉ DANS LA RUE

Auteur : Long Chris / Compositeur : Mick Jones – Tommy Brown

1969

Je m'appelle Jean-Philippe Smet
Je suis né à Paris
Vous me connaissez mieux
Sous le nom de Johnny
Un soir de juin en 1943
Je suis né dans la rue
Par une nuit d'orage

À PROPOS DE SON PÈRE, LÉON SMET

" Il m'a abandonné pendant que ma mère travaillait. Il m'a sorti de mon lit d'enfant, il m'a laissé sur une couverture, sans vêtements, il a emporté mon lit pour le vendre et se payer à boire, c'était un alcoolique, et il est parti, avec la crémière du coin. Voilà... "

Psychologies Magazine, juillet 2009

" De lui, je n'ai connu que les pires aspects. L'abandon petit, puis les factures ou les frais d'hôpitaux à régler, la déchéance. On le trouvait ivre mort, écroulé au milieu de la rue. C'était dur, douloureux de n'avoir que ça de lui. Le manque de père a hanté ma vie. Jusqu'à sa mort, en 1989, à Bruxelles. "

Télérama, 28 octobre 2014

" Un jour, je rencontre Reggiani qui me dit : "Tu sais, je sais que tu as eu une mauvaise impression de ton père mais moi j'allais prendre des cours tous les week-ends à Bruxelles et lui c'était un professeur d'art dramatique extraordinaire. ""

Tout le monde en parle, 27 septembre 2003

“ Quand j’étais dans le coma, on m’a dit que j’avais appelé mon père. Je disais : “Papa, viens me chercher, viens me chercher.” ”

Le Journal du dimanche, 22 avril 2012

FILS DE PERSONNE

Auteur : Philippe Labro
Adaptation de Fortunate Sonde Creedence Clearwater Revival
(John Fogerty)

1971

Y’en a qui naissent avec, dans leur berceau
Les milliards de leur père.
On leur apprend que tout peut s’acheter.
Les affaires, oui, sont les affaires.
Mais pas moi, non, pas moi, je ne suis pas né milliardaire.
Mais pas moi, non, pas moi, je suis le fils de personne.

“ C’est quelque chose qui m’a manqué toute ma vie de ne pas avoir de père, et ma mère ne pouvait pas s’occuper de moi non plus car elle était mannequin vedette chez Lanvin à l’époque. J’ai été élevé par ma tante, la sœur de mon père, qui avait deux filles, Desta et Menen, elles étaient danseuses et m’ont emmené dès 4 ans en tournée partout dans le monde entier. C’est sûrement grâce à tout ça que je fais ce métier, je n’ai connu que ça. ”

Radio Suisse Romande, *Pardonnez-moi*, 28 mai 2012

“Ma tante mène les siens à la baguette avec un courage admirable. Le soir, elle garde les gosses des bourgeois ; le jour, elle m'apprend le chant et la musique. Avant même de savoir lire, je connais par cœur la méthode de solfège Lemoine.”

Destroy, Éditions Michel Lafon, 1997

“Quand j'avais 6 ans, j'étais petit rat à l'Opéra de Paris. Je prenais sept heures de cours par jour. J'y ai appris à surmonter la douleur, à me taire, à reproduire, à m'appliquer. La danse forge des caractères d'acier. Un jour, un prof m'a mis la main au cul et j'ai arrêté.”

Dans mes yeux, Johnny Hallyday & Amanda Sthers, Éditions Plon, 2013

NOËL INTERDIT

Auteur : Michel Mallory / Compositeur : Johnny Hallyday

1973

C'est un Noël pour les enfants perdus
Pour tous ceux qui n'y ont jamais cru
C'est un Noël pour les chiens sans collier
Pour ce gosse de la rue que j'étais

“On m'a souvent demandé pourquoi je m'appelais Johnny Hallyday, si c'était pour prendre un nom américain pour chanter… Pas du tout, c'est la tradition qui veut que les enfants de la balle, comme on dit, reprennent le nom des parents ou de leurs parents adoptifs.”

TF1, *Grand Public*, 19 décembre 1986

“ Ma réussite m'a un peu vieilli du fait que je ne peux malheureusement pas fréquenter des jeunes de mon âge. Quand je sors c'est avec des amis du métier et ils sont tous plus âgés que moi. Très souvent, quand après mes spectacles je rencontre des fans, des jeunes, des copains qui ont dans les 17-19 ans avec lesquels je vais boire un pot, ça me fait très plaisir car je me rends compte malgré tout que je suis un jeune comme eux. ”

Paris Inter, 6 novembre 1962

“ DENISE GLASER : Je pense que, parmi toute la nouvelle vague, vous êtes à mon avis le seul qui puisse aller très loin, je pense à la vague du rock… Je pense que vous avez d'une part une présence physique réelle, et ça, la présence sur scène on l'a ou on ne l'a pas et vous l'avez. Je pense que vous avez une voix et que vous êtes encore plein de promesses. Je me demandais si le fait de vous arrêter [service militaire] n'allait pas vous apporter un certain recul ?

JOHNNY HALLYDAY : Je ne pense pas car vous savez on évolue avec l'âge. Il y a des gens qui m'ont dit que, depuis trois ou quatre ans que je chante, j'ai déjà changé et je pense que dans quatre ans j'aurai encore changé. Moi je chante un style de musique qui s'appelle du rhythm and blues. On peut apprendre à le chanter mieux mais on n'a pas besoin de chanter autre chose pour évoluer. On ne dit pas à Brassens, qui s'accompagne avec une seule guitare : “Est-ce que vous comptez chanter avec un grand orchestre ?” On peut toujours apprendre à chanter mieux mais dans son style. Si je fais le style de tout le monde, je ne serai plus Johnny Hallyday. ”

Discorama, 15 mars 1964

À PROPOS DE SON SERVICE MILITAIRE

43e régiment blindé, caserne d'Offenbourg, Rhénanie

« J'ai essayé de faire de mon mieux, sans "salades". Les adjudants bornés ça vous embête au début puis après douze mois, on se met dans l'ambiance. Quand j'ai été nommé sergent, j'étais presque devenu aussi «vache»» qu'un militaire de carrière ! »

Journal *L'Aurore*, 12 novembre 1965

« Je ne suis pas pour l'armée, c'est-à-dire que je ne suis pas pour la guerre et l'armée pour moi signifie guerre. Mais faire son service militaire, quand dans la vie on n'a pas eu grand-chose, c'est un bien car en dix-huit mois on peut retrouver l'ambiance d'une famille. Et j'ai gardé de très bonnes relations avec «la bête noire», mon adjudant ! »

France Inter, *Radioscopie*, 22 septembre 1970

QUAND REVIENT LA NUIT

Auteur : Georges Aber
Adaptation de Mr. Lonely de Bobby Vinton

1965

Quand revient la nuit
La lune qui brille
Tu la vois aussi
Mais trop loin de moi

Je suis un soldat
Comme d'autres là-bas
J'attends le jour
Qui verra mon retour

.2.
LES IDOLES

L'IDOLE DES JEUNES

Auteur : Ralph Bernet / Adaptation de Teenage Idol – Jack Lewis

1962

Dans la nuit je file tout seul de ville en ville
Je ne suis qu'une pierre qui roule toujours
J'ai bien la fortune et plus et mon nom partout
dans la rue
Pourtant je cherche tout simplement l'Amour.

“Je voulais faire Elvis, je voulais faire James Dean, et je suis devenu moi.”

Dans mes yeux, Johnny Hallyday & Amanda Sthers, Éditions Plon, 2013

JAMES DEAN

“J'aimais tout chez lui : sa manière de pencher la tête sur le côté, son air attentif et désespéré, son petit sourire triste, ses yeux perdus, ses poses de cow-boy et sa silhouette d'adolescent égaré dans un monde d'adultes qui ne rêvent plus. J'étais fasciné par sa philosophie désabusée.”

Destroy, Éditions Michel Lafon, 1997

ELVIS PRESLEY

“Elvis Presley, c'est lui qui m'a fait troquer ma guitare classique contre une guitare électrique. J'ai été à Atlantic city pour le voir, j'ai pris l'avion tout seul, il chantait dans l'hôtel où je dormais le soir. Je l'ai vu sur scène, c'était vers la fin malheureusement mais c'était Elvis, puis je suis rentré dans ma chambre et le téléphone sonne. C'était Sammy Davis qui jouait dans l'hôtel en face !

Il me dit : "Qu'est-ce que tu fais là ?" Je lui réponds : "Je suis venu voir Elvis et je repars demain matin à Paris." Il me dit : "Viens à l'hôtel en face, je chante, je t'invite à la table de ma famille et après on se verra."

Je traverse la rue, je vais dans l'autre hôtel, je regarde Sammy sur scène, et après il me dit : "Je vais appeler Elvis pour qu'il vienne boire un coup avec nous." Moi j'étais très heureux mais il tombe sur son secrétaire, Elvis ne se sentait pas bien, il était parti se coucher, c'était déjà un peu quand il était malade. J'ai donc

passé la nuit avec Sammy, on a regardé film sur film jusqu'à 7 heures du matin, ensuite j'ai pris mon avion, je suis rentré à Paris. »

France 5, *C à vous*, 21 novembre 2014

ROCK'N'ROLL MAN, 1974

Auteur : Michel Mallory / Compositeur : Tommy Brown

1974

Il m'a donné l'envie d'être ce que je suis
Et puis l'amour du rock'n'roll
J'ai chanté ses chansons
Et j'ai fait de ma vie
Comme sa vie une course folle

Je suis un rock'n'roll man
Je suis un rock'n'roll man
Et c'est sa vie
Et c'est ma vie
De rock'n'roll man

ET AUSSI…

« Jerry Lee Lewis c'était quelque chose. Je l'ai vu en concert à Nashville, dans les années 70. Il donnait deux concerts, un en matinée, un en soirée. Il m'a sidéré. Il arrivait sur scène avec un magnum de whisky […]

À la fin, le magnum était vide. Je me demandais comment il tenait. Après le premier show, je vais dans la loge avec Sam Philips, le patron de Sun Records, qui m'avait invité à le rencontrer. Là, Jerry Lee avait une autre bouteille de whisky qu'il buvait sans discontinuer. Et deux heures plus tard, il remontait sur scène avec un nouveau magnum, plein, sous le bras et recommençait. Hallucinant. ”

Télérama, 28 octobre 2014

“ Le plus adorable, c'était Gene Vincent. Même si, quand on le voyait sur scène, tout en cuir noir, c'était le choc. Il avait en lui quelque chose d'indescriptible. C'était le motard, le maudit – on l'appelait "le Chien hurlant", "*The Screaming Dog*"... Gene Vincent m'a beaucoup marqué ”

La Terre promise, Johnny Hallyday avec Philippe Manœuvre, Éditions Fayard, 2015

“ Ce qui m'a toujours touché, c'est le désespoir par la voix. Dans ce sens Joe Cocker m'a influencé au même titre qu'Otis Redding. Je considère que les Noirs chantent mieux que les Blancs et j'ai essayé de faire de la musique noire avec les possibilités d'un Blanc. C'est pourquoi j'aime beaucoup Bob Seger. ”

Paroles et Musique, Jean-Dominique Brierre, juin /juillet /août 1987

“ Chuck Berry mon idole viens de nous quitter. Grande tristesse. (sic) ”

Tweet, 19 mars 2017

Ô CAROLE, 1964

Auteur : Manou Roblin

Adaptation de Carol de Chuck Berry

1964

Ô Carole
Ne me regarde pas comme ça
Ce soir si je suis là
C'est parc'que tu es tout pour moi

.3.

LE ROCK'N'ROLL

LA MUSIQUE QUE J'AIME

Auteur : Michel Mallory / Compositeur : Johnny Hallyday

1973

Toute la musique que j'aime
Elle vient de là
Elle vient du blues
Les mots ne sont jamais les mêmes
Pour exprimer ce qu'est le blues

" Je n'ai qu'un diplôme : le diplôme de rock du Golf Drouot avec mention « *Formidable* ». "

" JOURNALISTE : Vous avez essayé de vous assagir un peu ?

JOHNNY : Non pas de m'assagir, mais d'être toujours à la mode, d'être toujours dans le coup.

JOURNALISTE (sur un ton austère) : Vous chantez en smoking mais vous continuez néanmoins à vous rouler par terre, ça ne vous paraît pas incompatible ?

Johnny : C'est-à-dire que je chante toujours du rock, donc j'agis comme le rock, c'est-à-dire que je chauffe avec le public.

JOURNALISTE : Mais vous pensez que ça vous faisait du bien de croire que vous étiez américain, vous avez pris un nom américain tout de même !

JOHNNY : Ce n'est pas mon vrai nom c'est celui de mon cousin qui dansait, qui s'appelait Lee Hallyday et moi j'ai voulu continuer avec leur nom comme ça leur avait toujours porté chance. "

Radio Télévision Française, 1960

" Le rock'n'roll ce n'est pas une question de bruit, c'est une question d'ambiance. Bien sûr les paroles sont un peu étouffées dans le rock, dans le rhythm and blues tout est basé sur la musique, sur le rythme. C'est important de comprendre les paroles mais si on entend trop bien la voix et que l'orchestre n'est pas assez fort, il n'y aura aucune ambiance. J'ai fait plusieurs voyages professionnels en Amérique pour voir les orchestres de rock car malgré tout c'est une musique qui nous vient de là-bas, et ils jouent au maximum de force.
Le rock'n'roll représente un genre d'excitation, ça commence avec un rythme et à la fin les gens doivent battre des mains et être survoltés. "

Discorama, Denise Glaser, 15 mars 1964

" À une certaine époque, j'ai trouvé que les paroles que je chantais étaient un peu débiles, mais même quand j'ai essayé de faire mettre des paroles plus intelligentes sur certaines musiques de rock'n'roll, ça n'allait jamais avec la musique. Ça ne veut pas dire que je pense que le rock'n'roll doit avoir des paroles débiles, mais je considère que la musique est plus importante que les paroles. Les paroles ne sont là que pour accompagner la musique. "

Paroles et Musique juin /juillet /août 1987,
Jean-Dominique Brierre

" Elvis Presley m'a donné le virus et le rock est devenu ma vie. Si ce genre de musique passe, si ça ne marche plus, je ne changerai pas de style. Je crois au rock. C'est plus que de la chanson. C'est une façon de s'habiller, de penser. "

Journal *L'Aurore*, 23 avril 1969

LE BON TEMPS DU ROCK AND ROLL

Auteur : Michel Mallory

Adaptation de Old Time Rock and Roll de Bob Seger

1979

J'ai une indigestion de disco
Et tous ces crooners qui me tapent sur les nerfs
Et le rétro j'en ai ras le bol
Je préfère le bon temps du rock'n'roll

« J'étais à Rome avec mes cousins Desta et Lee, ils faisaient une tournée théâtrale avec des numéros de music-hall. Il y avait des acrobates et dans la troupe des gitans il y avait un guitariste de flamenco qui m'a appris à jouer de la guitare, la jota. Ça m'a plu et ensuite on m'a acheté une guitare classique avec des cordes en nylon. »

Tout le monde en parle, Thierry Ardisson, 27 septembre 2003

« Je ne pourrais jouer ni comme Matthieu [Chedid] et surtout pas comme Jimi Hendrix. Je m'accompagne à la guitare, je ne suis pas trop mauvais à la rythmique mais je ne suis pas un bon guitariste soliste. Je ne suis pas du niveau ni de Matthieu, ni de Jimi Hendrix, ni de Jimmy Page, ni de tous ces gens-là, mais moi, bon je chante [rires] ! »

RTL, *Laissez-vous tenter*, 25 mars 2011

« Un chanteur de rock ou de blues est comme un boxeur. Il fait ça parce qu'il vient de nulle part et qu'il a faim. Littéralement. C'est vrai à ses débuts et ça doit le rester [...] Le rock, c'est de l'inconscience, de la défiance. Et même arrivé, installé comme je le suis aujourd'hui, c'est toujours un combat. »

Télérama, 20 novembre 2014

“La rock'n'roll attitude c'est le contraire de quelqu'un qui entre dans un bureau avec un costume trois pièces. Je crois que ce métier, cette vie de saltimbanque, toujours sur la route, on va de concert en concert, cette vie est une rock'n'roll attitude. C'est valable aussi pour les gens du cirque, pour ceux qui sont sur la route.”

France Inter - *Résonance*, 2 novembre 2002

ROCK'N'ROLL ATTITUDE

Auteur – compositeur : Michel Berger

1985

Si l'été est trop lourd, si l'hiver est trop rude
Lutte contre la vie que tu mènes
Lutte pour la musique que tu aimes
Et que tu gardes en toi

.4.
LA SCÈNE

“La scène, les coulisses, c'est ma vie depuis que je suis enfant. À 8 ans, je voyais passer des filles nues devant moi dans les cabarets, je trouvais ça normal.”

Le Figaro, 17 novembre 2014

“Je devais avoir 13 ans et j'ai eu la chance ce jour-là d'être accueilli par Maurice Chevalier dans sa maison à Marnes-la-Coquette. J'ai chanté pour lui comme ça a cappella.

J'étais mort de trac, et il m'a dit : "Petit si tu fais ce métier plus tard, le seul conseil que je puisse te donner c'est de soigner ton entrée et de soigner ta sortie. C'est ce que les gens retiennent et au milieu tu te débrouilles, tu chantes !"”

TF1, *Star Academy*, 2002

“Pendant le solo de guitare de *Souvenirs, souvenirs*, je tombe par terre et commence tout doucement à me relever sans interrompre la chanson ni les accords de guitare. Le balcon explose de joie. Le parterre d'indignation. Couché sur la scène, mon champ de vision se limite au plafond et à mes seuls fans : bouches hurlantes, forêt de bras levés. Je ne suis plus seul. Je l'ai, mon truc de scène ! Ma marque de fabrique…”

Concert du 20 septembre 1960, à l'Alhambra
Destroy – Éditions Michel Lafon 1996

“On a toujours le trac. Moi, en tout cas, je l'ai toujours quand je commence quelque chose, que ce soit une nouvelle tournée, une pièce de théâtre ou un film.

J'ai été très ami avec Jacques Brel. Avant de monter sur scène, il était à chaque fois malade. Je crois que le trac est quelque chose dont on ne se sépare pas.

Je pense qu'il arrive surtout parce qu'on a envie que les gens soient contents. On a toujours peur de les décevoir. ”

Le Républicain Lorrain, 24 avril 2012

“ Le meilleur moment généralement pour moi, c'est après la deuxième chanson parce qu'il y a la mise en route. Le plus mauvais moment, c'est avant de monter sur scène parce que l'on est toujours un peu angoissé, on a le trac et puis ensuite on essaie de se donner jusqu'au bout. ”

Francofolies de La Rochelle, 13 juillet 1988

“ Ce que j'ai à prouver, c'est de donner un bon spectacle aux gens. Si les gens sortent au bout de deux heures et demie de la salle de spectacle en disant qu'ils ont passé une bonne soirée, qu'ils ont rêvé un peu et oublié leur quotidien, eh bien moi je suis heureux car ma mission est remplie. ”

France 3, Languedoc-Roussillon, 15 mars 2013

ALLUMER LE FEU

Paroles : Zazie
Compositeurs : Pascal Obispo – Pierre Jaconelli

1998

Je veux la foudre et l'éclair
L'odeur de poudre, le tonnerre
Je veux la fête et les rires
Je veux la foule en délire

« Quand je monte sur scène, ils attendent que je leur donne un spectacle, avec des effets spéciaux, des trucs, et c'est de plus en plus difficile à faire, car j'en ai fait tellement que trouver de nouvelles manières d'arriver sur scène, par exemple, c'est pas évident !
Une fois qu'on est arrivé par les airs, par la terre... »

Le Point, 13 novembre 2014

« Même s'il tombe de la merde, même si la foudre menace, je chanterai. »

Le Parisien, 15 juin 1993
à propos du concert de rattrapage au Stade de France

« J'adore cette salle [Bercy]. D'ailleurs chaque fois que j'y vais, je me fais tatouer pour marquer l'événement. »

Le Parisien, 12 septembre 1995

« Je suis plus fort que les gouttes, désormais elles glissent sur moi comme les caresses sur le ciel. »

Stade de France, 15 juin 2012

« Les concessions, c'est pour les maisons de disques, mais sur scène, le maître, c'est moi. »

France-Soir, 31 août 1990

« Mon seul regret dans ma vie, c'est de ne jamais avoir fait partie d'un groupe. Sur scène avec les musiciens avec qui je travaille, je leur dis toujours : «Vous vous mettez devant avec moi, on est un groupe !» Sauf que les gens viennent voir Johnny Hallyday... »

RTL, *Laissez-vous tenter*, 25 mars 2011

LA TOURNÉE

Auteur : Pierre Billon
Compositeurs : Erick Bamy – Éric Bouad- Johnny Hallyday

1984

Palais des Sports, palais des foules
Une relâche à Angers, et ce sera dodo la tournée
Palais des Sports, palais des foules
Un peu de sommeil gratté aux kilomètres de la tournée.

“ Parce que j'ai un très grand respect du public, je cherche toujours à lui faire plaisir en terminant mes spectacles par des chansons qui, en effet, n'ont pas grand-chose à voir avec le reste de mon répertoire. Mais qui soient toujours un hymne en rapport avec l'amour... L'amour d'une femme, bien sûr, mais aussi celui des gens. Quand je chante "*Non, rien de rien, non je ne regrette rien*", c'est au public que je m'adresse, pas à une femme. ”

Chorus printemps, 2003, Jean Théfaine

“ Mon bonheur absolu c'est quand je suis ici au milieu de vous... Je voudrais dédier ce concert à toutes les victimes des attentats ainsi qu'à leurs familles. Je voudrais aussi dédier ce spectacle à tous les Bruxellois et à tous les Belges. Sachez au fond du cœur que je vous aime. ”

Concert du 26 mars 2016 ades expositions du Heysel, quatre jours après les attentats de Bruxelles

J'AI OUBLIÉ DE VIVRE

Auteur : Pierre Billon / Compositeur : Jacques Revaux

1977

À force de laisser la sueur brûler mes yeux
À force de crier mon amour jusqu'au cieux
À force de jeter mon cœur dans un micro
Portant les projecteurs
Comme une croix dans le dos
J'ai oublié de vivre, j'ai oublié de vivre

.5.
LES FANS

UNE VIE À L'ENVERS

Auteur : Vincent Delerm / Compositeur : Maxime Nucci (Yodelice)

2015

Ton tatouage sur l'avant-bras
Ce prénom je le connais
Pourtant je ne m'habitue pas
Je ne m'y ferai jamais

“J'ai un rapport complexe avec mes fans. Je sais ce que je leur dois. Ils sont une partie de ma famille de cœur. Mais certains de mes fans me mettent mal à l'aise. C'est trop. Même pour les idoles de ma jeunesse dont j'affichais les posters dans ma chambre, je n'aurais jamais fait ce qu'ils font pour moi.”

Dans mes yeux, Johnny Hallyday & Amanda Sthers, Éditions Plon, 2013

“Je me sens surtout proche des plus modestes. Parce que je n'ai pas eu la chance de naître dans une famille riche, parce que j'ai appris la vie à l'école de la rue, avec la violence que ça suppose quelquefois.”

Chorus, Printemps 1998, Jean Théfaine

“Il m'est arrivé parfois, en tournée, d'aller à la rencontre de fans, chez eux. Je me suis aperçu que je faisais partie de la famille et de la vie des gens. Il y a une photo de vous sur la cheminée avec celle des parents. Quand on a vécu ça, on ne voit plus les choses de la même manière.”

Le Républicain Lorrain, 24 avril 2012

“Il y a un amour avec le public mais c'est partagé. On n'a jamais rien à sens unique dans la vie. L'amour entre un public et un chanteur c'est comme l'amour entre un homme et une femme, à sens unique ça ne marche jamais trop longtemps. C'est pour cela que je me donne pas mal sur scène et que je ne m'économise pas.”

France Inter, *Pollen*, 15 juillet 1996

“Læticia m'a raconté tout l'amour que les gens m'avaient donné pendant ce moment d'absence et ça m'a donné la force, l'envie de revenir. J'avais écrit

une lettre pour remercier mon fan-club de son soutien, sans lui j'aurais eu beaucoup plus de mal à m'en sortir, je le remercie, il a été pour beaucoup dans ma guérison. »

TF1, *20h* du 27 février 2011 à propos de son coma en 2009

« J'ai énormément de respect et d'amour pour mes fans. Sur quatre-vingt-dix dates, il y a sans doute soixante dates où je vois les mêmes têtes devant. Je ne sais pas comment ils font… Ils doivent économiser toute l'année pour pouvoir suivre une tournée, ces gens me touchent. »

Le Parisien, 12 novembre 2015

PAROLES DE FANS

« Tout ce qu'il fait on le fait. Partout où il va on y va. On a des milliers d'articles sur lui. Il représente notre raison de vivre, sans lui on n'aurait aucun but dans la vie. C'est un dieu, c'est notre religion. J'ai réussi à avoir une cravate à l'Olympia, il me l'avait donnée.

Puis on me l'a fauchée… Je l'avais gardée et je ne l'avais pas lavée. Elle est restée mouillée pendant deux jours, il y avait sa sueur ça sentait bon ! »

« Comme il fume énormément, à chaque fois qu'il jette une cigarette, je la ramasse, je la garde, et après dans une petite boîte je mets la date, Le Bourget, Orly, l'Olympia… »

ORTF, *Un roi triste*, 1966

PATRICK

“ Je n'ai pas de religion, pas de croyance, mon Dieu à moi, c'est Johnny [...] Ce regard bleu transparent, insoutenable, cette façon de prendre des risques, ça ne s'explique pas, c'est le héros sans tache, un phénomène étrange venu d'ailleurs. ”

Le Parisien, 15 septembre 1990

LAURENT

“ Pour aimer Johnny, on ne peut pas avoir eu une vie lisse, sans histoire. Il faut avoir des fêlures, des cicatrices.
De quoi nous parlent les chansons de Johnny ? Solitudes, amours déçus, trahisons, ce n'est jamais vraiment optimiste, mais il nous montre qu'on peut tenir le choc, résister. ”

La Terre promise, Johnny Hallyday avec Philippe Manœuvre, Éditions Fayard, 2015

JÉRÔME

“ J'ai même des posters de lui au plafond dans ma chambre, pour bien m'endormir. ”

Ouest France, 1er décembre 2015

CLAUDINE

“ C'est le grand jour de ma vie. C'est la première fois que je vais le voir en vrai. Les places étant trop chères, on m'en a offert une. Tout ce que j'espère, c'est que je ne vais pas faire un malaise. ”

Ouest France, 1er décembre 2015

ALEX

“ J'avais toujours écouté Johnny dans mon coin, presque en cachette, mis à part quelques soirées arrosées. Puis en 2012, je suis allé le voir avec des amis au Stade de France.

On s'est fait péter la cage thoracique pendant 2 h 30. Après cette claque monumentale, on s'est promis de ne plus rater une seule de ses tournées ! »

L'Express, 18 novembre 2014

DIDIER

« Johnny c'est Johnny. C'est un show extraordinaire, c'est le dernier rocker français, il n'y a pas eu plus grand que Johnny. Il y a une montée en puissance dans l'émotion, et quand il arrive sur scène c'est un déchaînement. L'introduction de la première chanson on ne l'entend pas parce que la foule est en délire et c'est ce frisson que l'on attend, que l'on cherche [...] C'est une bête de scène, c'est quelqu'un, je ne lui souhaite pas ça, qui va mourir sur scène. Il ne va pas s'arrêter de chanter, pour nous c'est impossible. »

France Inter, 8 mai 2009, Zénith de Saint-Étienne

SERGE

« À la fin des années 1990, j'ai aussi fait un char Johnny avec le comité des fêtes des Champs-Barets, pour une parade du Corsiflor, pendant l'été.
Mes enfants ont aussi des prénoms en rapport à lui : il y a Johnny, Laëtitia et Diego, comme la chanson Diego libre dans sa tête (...) Avec ma première femme, c'était plus compliqué car elle était fan de Claude François. C'est pour cela d'ailleurs que j'ai une fille qui s'appelle Alexandra. »

Normandie-actu, 9 juillet 2016

.6.

LA CHANSON FRANÇAISE

CHEVEUX LONGS ET IDÉES COURTES

Auteur : Gilles Thibaut / Compositeur : Johnny Hallyday

1966

Si monsieur Kennedy
Aujourd'hui revenait
Ou si monsieur Gandhi
Soudain ressuscitait
Ils seraient étonnés
Quand on leur apprendrait
Que pour changer le monde
Il suffit de chanter

“Je voyais en lui l'image du père idéal. Avec son chat, sa pipe, sa moustache et son éternel pantalon de velours, le grand Georges incarnait la sécurité. Il était rassurant.”

Destroy, Éditions Michel Lafon, 1997, à propos de Georges Brassens

“Vous savez, je me suis toujours beaucoup servi sur les émotions. Ce que je veux c'est envoyer des émotions aux gens. Et ça c'est par rapport à Brel. Moi, quand j'ai vu Brel chanter sur scène «Ces gens-là», j'ai pleuré. Brel n'était pas un chanteur de rock'n'roll, de blues mais dans l'intention, dans la densité, il aurait pu. Il faisait vivre ses textes, il envoyait ça en pleine tronche des gens. C'est cela que je fais.”

20 minutes, 16 novembre 2014

“Avec sa poésie, il interprétait sur scène, avec l'énergie et le désespoir d'un rockeur. Je ne connais pas d'autres chanteurs que Brel qui transpiraient autant qu'un chanteur de rock.”

Tout le monde en parle, 27 septembre 2003

“Dick Rivers a toujours dit : «On est trois en France à faire du rock'n'roll.» Je n'ai jamais su ce que cela voulait dire, trois.”

Paroles et Musique, Jean-Dominique Brierre, juin /juillet /août 1987

“Chez moi quand je suis tranquille, je mets très souvent du Goldman. Et puis du Cabrel aussi parce que j'aime les valeurs de la vie qu'il défend. Mais j'écoute des choses très différentes. IAM par exemple, dont je suis fan. Dans le rap, c'est ce que je préfère, avec MC Solaar et Doc Gynéco. NTM ? Non, ce qu'ils racontent ne me plaît pas trop.”

Chorus, Jean Théfaine, printemps 1998

" Il y a une très belle chanson que j'adore, que j'aurais aimé chanter, c'est une chanson de Francis Cabrel Je l'aime à mourir. Je trouve que c'est une chanson merveilleuse, c'est la plus belle chanson d'amour qu'on ait pu écrire sur une femme. [...]

Au départ, les auteurs me proposent des chansons en pensant à moi, par rapport à ce qu'ils connaissent de moi sans me connaître vraiment et puis par la suite je les rencontre et je travaille avec eux sur les chansons qu'ils ont écrites, je collabore sur la suite de l'écriture pour que les chansons correspondent à ma façon de penser, à mon état d'âme du moment. On ne peut pas écrire pour moi si on ne me connaît pas. "

France Bleu, 10 novembre 2005

" J'aime bien travailler avec des plus jeunes que moi et c'est bien de donner un coup de pouce à cette nouvelle génération. Ils ont des idées nouvelles que nous n'avons pas forcément, nous qui faisons ce métier depuis longtemps, et c'est bien de travailler avec des gens qui n'ont pas encore tout fait, qui n'ont pas encore tout écrit et qui n'ont pas encore tout vécu. "

Femme Actuelle, 14 décembre 2009,à propos de la nouvelle génération : Calogero, Grand Corps Malade, Christophe Maé

" Star Academy, c'est fabriquer des stars qui n'en sont pas. Les pauvres, je les plains beaucoup. Ils ne savent pas dans quoi on les aventure [...] Il faut d'abord apprendre à faire ses preuves sur scène, dans les baloches, comme j'ai fait quand j'avais 20 ans, à minuit, avec des gens bourrés qui vous lancent des bouteilles dans la gueule. Il faut apprendre son métier. "

Le Parisien, 10 mai 2003

“ C'est terrible ces émissions de télé-réalité où l'on dit à des gamins qu'ils sont les nouveaux James Brown, Aretha Franklin, ou Kurt Cobain. C'est n'importe quoi. Personne ne remplace personne. Et surtout pas ceux-là. On est soi-même ou bien juste un sosie, un imitateur. En leur faisant croire aux étoiles, en réalité, on leur casse leur rêve. Ça dure quoi, un an au mieux ? Après, c'est fini. ”

Télérama, 17 novembre 2014

“ Il n'y a plus de stars en France. Quand je vois que certaines starlettes sont mises au même niveau que Catherine Deneuve, je ne comprends pas. ”

Paris Match, 2 juillet 2015

CONSEILS POUR JEUNES CHANTEURS

“ Je leur dirais qu'il faut avant tout apprendre à respirer. Et chanter du ventre, pas de la gorge. Quand j'étais plus jeune, j'étais souvent aphone, parce que je chantais de la gorge. Un jour, j'ai compris qu'il fallait chanter du ventre, et je n'ai plus jamais été aphone. C'est un truc à savoir. Ce contrôle du souffle est une chose primordiale quand on est chanteur et c'est une des raisons pour lesquelles je fais régulièrement du sport. ”

La Terre promise, Johnny Hallyday avec Philippe Manœuvre, Éditions Fayard, 2015

“ La musique, j'en fais, alors j'en écoute peu. ”

Libération, 12 octobre 2011

DRÔLE DE MÉTIER

Auteurs : Johnny Hallyday – Pierre Billon
Compositeur : Éric Bouad

1984

Pas de prime de risque pour la déprime dans mon métier
Non, pas de cadeau, pas de coup d'éponge
Comme un cheval aveugle
Poussé dans un terrain miné
Tu fais un faux pas, tu plonges
Drôle de métier, drôle de métier
Y a des soirs où faut avoir le moral
Et le cœur bien accrochés
Dans ce métier, oui drôle de métier
Le moral et le cœur bien accrochés

.7.

LES FEMMES ET L'AMOUR

« Je suis plutôt un romantique, pas très dragueur.. »

Le Journal du dimanche, 22 avril 2012

« Je suis sentimental. Ce que j'aime chez une femme c'est qu'elle soit sincère, intelligente et qu'elle puisse prendre soin d'un homme. Je connais beaucoup de copains qui sont mariés et leurs femmes ne pensent qu'à se coiffer et s'habiller bien. En réalité le copain est obligé de tout faire et des fois il aurait besoin de sa femme et elle ne pense pas à l'idée. J'aime aussi bien une belle blonde qu'une belle brune, j'aime les filles autour des 1,65 m, une fille d'une taille mannequin. J'ai horreur des pin-up, j'aime plutôt le genre petite fille gentille. »

Paris Inter, 10 novembre 1962

SYLVIE VARTAN

« J'ai tenté de reconquérir Sylvie. Sans succès. J'étais allé trop loin. Cette blessure, trop profonde pour être cicatrisée, sera la véritable raison de notre divorce, en 1980.. »

Destroy, Éditions Michel Lafon, 1997

PAROLES DE SYLVIE VARTAN

« Johnny, c'est mon frère, mon sang, ma jeunesse, comme je suis la sienne. On s'est connus à 17 ans. Ce métier fait partie intégrante de notre ADN, c'est une véritable drogue émotionnelle. Le public c'est notre famille. On le porte en nous. Aujourd'hui, on a chacun trouvé son ange. Lui, Laeticia. Moi, Tony. »

Paris Match, 14 décembre 2009

J'AI UN PROBLÈME

(en duo avec Sylvie Vartan)

Auteur : Michel Mallory / Compositeur : Jean Renard

1973

Si tu n'es pas vraiment l'amour tu lui ressembles
Quand je m'éloigne toi tu te rapproches un peu
Si ce n'est pas vraiment l'amour de vivre ensemble
Ça lui ressemble tant que c'est peut-être mieux

ÉLISABETH ÉTIENNE, DITE BABETH

" Après Sylvie, j'ai mis sept ans pour me sentir guéri et je suis retombé dans un échec : Babette. Pourtant, c'était une fille formidable. J'ai même été au bout puisque je l'ai épousée. Mais c'est moi qui n'allait pas bien. Pas possible d'oublier quelqu'un avec quelqu'un d'autre.. "

France-Soir, 4 juillet 1988

MON ANNEAU D'OR

Auteur : Gilles Thibaut / Compositeur : Johnny Hallyday

octobre 1965

Mon anneau d'or qu'en tremblant
J'ai glissé à ton doigt
Il était fait pour toi

Mon anneau d'or en rêvant
Je l'ai vu bien des fois
Qui brillait à ton doigt

NATHALIE BAYE

« Je n'avais pas l'habitude de draguer des filles comme Nathalie, elle était à part. C'était une intello, avec que des copains qui avaient voté Mitterrand, mettaient des foulards et des pantalons en velours et allaient au festival d'Avignon.. »

Dans mes yeux, Johnny Hallyday & Amanda Sthers, Éditions Plon, 2013

JE TE PROMETS

Auteur-compositeur : Jean-Jacques Goldman

1986

Je te promets des jours tout bleus comme tes veines
Je te promets des nuits rouges comme tes rêves
Des heures incandescentes et des minutes blanches
Des secondes insouciantes au rythme de tes hanches

ADELINE BLONDIEAU

« Je ne l'ai pas vue naître, mais c'est tout juste. Je l'ai ensuite vue passer par tous les âges de la vie. J'ai vu le bébé devenir une petite fille et puis une femme qui avait des chagrins d'amour… Je l'ai consolée… Je crois que c'est pour ça que je l'aime comme je ne pourrais pas aimer quelqu'un d'autre.. »

Paris Match, 26 janvier 1998

APPRENDRE À AIMER

Auteur : Michel Mallory / Compositeur : Johnny Hallyday

2005

Découvrir ta peau comme une terre
Sauvage et belle comme une île sous le vent
Éclairer ma vie de ta lumière
Je serais prêt à te suivre
Et jusqu'à la fin des temps... pour

Apprendre à aimer
À tout partager
Mes jours et mes nuits
Apprendre à aimer
Apprendre à donner
Plus que ma vie

LAETICIA HALLYDAY

" Je l'aime au quotidien depuis quinze mois et je dois avouer que c'est la première femme que je n'ai pas eu envie de tromper.. "

Paris Match, 4 juillet 1996

" Laeticia est une femme qui a toujours vécu avec des gens plus âgés, et moi, je ne peux pas vivre avec une femme de mon âge. Je m'ennuie avec les gens de mon âge. Je n'ai pas le même état d'esprit qu'eux. Je suis un peu plus fou, encore trop gamin dans ma tête. Vous savez, je suis certain d'une chose : Laeticia sera la dernière femme de ma vie. Et je vous assure

que je n'ai pas toujours pensé ça de mes compagnes. [Sourire.] Je sens que ma vie est tracée. C'est comme ça. Il y a des choses qu'on ressent comme des évidences.. »

Psychologies Magazine, juillet 2009

PAROLES DE LAETICIA

« J'étais jeune quand je t'ai rencontré ! J'étais tellement amoureuse de toi que j'aurais pu t'appeler n'importe comment. T'as réinventé ma vie. T'es ma plus belle histoire d'amour [...] Vingt ans après, je t'aime toujours aussi passionnément. Grâce à toi, j'ai la force de croire au bonheur.. »

Magazine *Lui*, juillet 2016

QUE JE T'AIME

Auteur : Gilles Thibaut / Compositeur : Jean Renard

1969

Quand mon corps sur ton corps
Lourd comme un cheval mort
Ne sait pas, ne sait plus
S'il existe encore
Quand on a fait l'amour
Comme d'autres font la guerre
Quand c'est moi le soldat
Qui meurt et qui la perd

.8.
LA TRIBU

UNE LETTRE À L'ENFANT QUE J'ÉTAIS

Auteurs-compositeurs
Francis Anthony White / Maxime Nouchy / Pierre Jouishomme
2014

Une lettre à l'enfant que j'étais
Où simplement, je lui dirais
Sache reconnaître l'amour à temps
Tu ne le croiseras pas souvent
Une lettre à l'enfant que j'étais
Où noir sur blanc, je lui dirais
Choisis tes rêves avec précaution, tu sais
Ils se réaliseront

" Mon rêve secret c'est d'être un jour un patriarche qui préside une tablée, avec plein d'enfants, de petits-enfants et des tas d'amis. Quelqu'un qui peut taper du poing sur la table quand il y a trop de bruit. "

Paris Match, 15 février 1990

DAVID HALLYDAY

" Le grand souvenir de mes 20 ans, il est venu plus tard... Quand j'en ai eu 24... Avec l'arrivée de mon fils David. "

Le Parisien, 15 juin 1993

" Au début j'ai eu peur car je n'avais pas l'habitude de cette vie de famille et quand j'ai vu ce petit bambin, j'ai eu la trouille. Ce que je voudrais donner à mon fils, c'est ce que moi je n'ai jamais eu. Je voudrais que mon fils ne me considère pas comme un père sévère mais comme un père copain. S'il a des problèmes qu'il m'en parle. Le plus important c'est d'avoir une confiance réciproque "

France Inter, *Radioscopie*, 22 septembre 1970

" On ne peut pas être élevé dans le confort et avoir la rage au ventre... Je ne crois pas aux fils à papa qui réussissent. Il faut en avoir bavé. Il faut comprendre les gens. "

Dans mes yeux, Johnny Hallyday & Amanda Sthers, Éditions Plon, 2013

SANG POUR SANG

Auteur : Éric Chemouny / Compositeur : David Hallyday

1999

Au-delà de nos différences
Des coups de gueule des coups de sang
À force d'échanger nos silences
Maintenant qu'on est face à face
On se ressemble sang pour sang

LAURA SMET

« Je ne manque jamais une occasion de me retrouver avec Laura. Elle a 4 ans à présent et ce n'est pas facile de la voir grandir sous un autre toit. L'autre jour quand on s'est revus, elle m'a fait la tête pendant deux jours comme une petite femme... »

France-Soir, 4 juillet 1988

« Tout ce que j'aime est là. Ma fille, ma femme, le rock'n'roll. Et ceux qui disent que l'on a besoin du malheur pour créer ça me fait sourire »

France-Soir, 31 août 1990

« Honnêtement, c'est vraiment la femme que je préfère au monde. Au point d'en faire des conneries. L'autre jour, à Thoiry, je suis sorti de la voiture pour la faire rire. Bilan, je me suis fait courser par un ours. »

Le Parisien, 15 juin 1993

LAURA

Auteur-compositeur : Jean-Jacques Goldman

1986

Je n'attendais rien de toi
Qu'une raison d'être là
Juste une trace avant de partir
Mais de tes rires et de tes bras
Tu m'inventes un avenir
Te regarder pousser me fera grandir

JADE (adoptée en 2004) **ET JOY** (adoptée en 2008)

« Aujourd'hui, je suis très fier de mes enfants et des artistes qu'ils sont devenus tous les deux. Et maintenant, j'ai la petite Jade. Et pour la première fois, il se passe ce dont j'ai toujours rêvé : voir un enfant grandir chez moi. Il a fallu que j'aie 60 ans pour le vivre, pour apprendre à être pleinement père. »

Psychologies Magazine, juillet 2009

« Je voudrais élever ma fille Jade, et j'espère que nous aurons une deuxième petite bientôt, je ne voudrais pas refaire les erreurs que j'ai faites par le passé en étant sur la route tout le temps. (...) Ce sont des choses que je regrette profondément et je n'ai pas envie qu'elles se repassent maintenant avec mes enfants en bas âge. Je n'ai pas été au Vietnam pour sauver des enfants et leur donner du bonheur pour que ça leur arrive à eux aussi. . »

Femme Actuelle, 14 décembre 2009

« S'il y a une chose à laquelle je tiens, c'est ma famille, ma femme, mes enfants, c'est la seule chose à laquelle il ne faut pas toucher car c'est la seule chose qui peut me toucher. »

Paris Match, novembre 2009

JADE DORT

Auteur : Hocine Merabet / Compositeur : Matthieu Chedid

2011

J'admets parfois être faible
Aussi avec elles, et alors ?
Jade
M'est ce que j'ai de plus fort
J'additionne, je collectionne
Tous ces instants qu'elle me donne

.9.
L'AMITIÉ

TU AS GAGNÉ MON AMITIÉ

Auteur-compositeur : Jean-Jacques Debout

1964

Tu as gagné mon amitié
Des gars comme toi, j'n'en connais pas
Pour toi, la peur n'existe pas
Tu as sauvé ma vie, crois-moi

" Oh les copains ça ne veut plus rien dire. Des copains, j'en ai des tas. Des amis, j'en ai trois. Ce sont ceux à qui on laisse les clefs de son appartement en toute confiance. "

Journal *L'Aurore*, 22 novembre 1965

CHRISTIAN AUDIGIER

" Comme moi, Christian est "né dans la rue" ou presque. Comme moi, il a été abandonné par son père. Comme moi, il a rêvé d'Amérique. Comme moi, il est du signe des Gémeaux. Presque un jumeau. "

Paris Match, juillet 2015

CHARLES AZNAVOUR

" Charles Aznavour est la première star qui ait accepté de m'aider, sans aucune arrière-pensée. Même si, aujourd'hui, il s'en défend par pudeur, je lui dois beaucoup. Plus tard, il m'hébergera pendant près d'un an. "

Destroy, Éditions Michel Lafon, 1997

JEAN-PAUL BELMONDO

" Ce mec n'a peur de rien. Sur les tournages, quand je venais le voir, il faisait des roulés-boulés pour me faire marrer. Il se jetait des escaliers, il improvisait des cascades. Il était prêt à tout pour m'impressionner comme un gosse de maternelle. On finissait toujours par me demander de quitter le plateau :
"*Pardonnez-nous, monsieur Hallyday, mais il est insupportable quand vous êtes là.*" "

Dans mes yeux, Johnny Hallyday & Amanda Sthers, Éditions Plon, 2013

MICHEL BERGER

" Quand Michel Berger nous a quittés, France Gall m'a offert une photo sous cadre qu'avait Michel dans son bureau et qui est dans le mien maintenant. C'est une superbe photo de Tennessee Williams, avec son chien d'ailleurs. Elle est toujours dans l'une de mes maisons. Ce sont des souvenirs tels que celui-ci qui me rattachent aux choses que j'aime dans la vie. "

Version Femina, 1er septembre 2011

" C'est difficile pour moi de parler encore de Michel Berger parce que c'est quelqu'un qui me manque encore. Comme si je perdais un frère. "

TF1, *50 minutes inside*

JACQUES BREL

" Il avait ce petit avion avec lequel il venait me chercher quand j'étais en tournée. À 9 heures du matin, autant dire l'aube pour un couche-tard comme moi, il me réveillait pour m'emmener déjeuner puis me ramenait au spectacle, attendait la fin pour m'embarquer à nouveau, cette fois dans un bordel [...] Ensuite, de retour à l'hôtel, on sifflait des bières. Jusqu'à ce que, écroulé de fatigue, j'aille me coucher. Mais, dès 9 heures du mat', le téléphone sonnait de nouveau et je l'entendais hurler : "*T'es levé ? Allez, on décolle* !" Et c'était reparti... Au bout d'une semaine, j'étais lessivé. "

Télérama, 20 novembre 2014

CARLOS

" Carlos était mon meilleur ami, je suis paumé ! "

RTL, 18 janvier 2008

JIMI HENDRIX

" Il était adorable, très très timide. Quand il venait à Paris il habitait chez moi et quand j'allais à Londres je dormais chez lui. Il fait sa fameuse chanson *Hey Joe* et il me dit "*tu devrais la faire en français*" et je l'enregistre en français à Londres, où il assiste aux séances ; il revient la jouer un an et demi après à l'Olympia, et c'était très drôle car son *Hey Joe* était n° 1 et mon *Hey Joe* en français était n° 1 en même temps !

Et ce qui m'a dégoûté c'est que les mêmes critiques qui l'avaient descendu on dit " *oh c'est formidable, c'est le meilleur guitariste qu'on ait jamais entendu*", etc.

Pour moi il est là, il est dans ma tête, je ne l'oublierai jamais, il est dans mon cœur. Il dormait avec sa guitare dans son lit ! "

France 2, *Trafic Music*, Guillaume Durand, 23 novembre 2006

EDDY MITCHELL

" Un jour, sans le connaître, j'ai même volé les très précieux disques de rock d'un mec qui s'appelle Claude Moine. Le futur Eddy Mitchell.
Celui qui va devenir et qui reste mon meilleur ami. "

Destroy, Éditions Michel Lafon, 1997

MICHEL SARDOU

" Michel, finalement, aujourd'hui, je me fous de lui. À une époque, c'était un type drôle et spirituel, maintenant il n'est plus marrant du tout, il veut donner des leçons à tout le monde, il dîne à 19 heures, se couche à 20 h 30. Ce n'est pas ma vie. "

Paris Match, 2 juillet 2015

J'AI BESOIN D'UN AMI

Auteur : Michel Mallory / Compositeur : Johnny Hallyday

1973

Je suis seul dans la ville
Je ne suis qu'un passant
Un visage sans nom
Parmi les indifférents

J'ai besoin d'un ami
Qui saurait m'écouter
Pour m'aider à oublier
Le passé

.10.

LE CINÉMA

« J'avais 13 ans. On est retournés dans le neuvième. J'ai eu des petits rôles, j'ai tourné des réclames, fait de la figuration dans *Les Diaboliques* d'Henri-Georges Clouzot. Au début j'avais une phrase, mais elle a été coupée au montage. N'empêche ! On m'avait vu au cinéma et je n'étais pas peu fier ! »

Dans mes yeux, Johnny Hallyday & Amanda Sthers, Éditions Plon, 2013

« Au départ, je ne voulais pas être chanteur, je voulais être comédien et je suivais des cours de comédie au Centre d'art dramatique de la rue Blanche. Je chantais les week-ends pour payer mes cours de comédie et pour mon premier disque je me suis dit "Chic alors, on me propose un contrat !" Et j'ai demandé une avance.

J'étais content et, manque de bol ou heureusement, ce premier disque a marché et je n'ai pas vraiment continué mes cours de comédie. »

France Inter, *Les étoiles du cinéma*, 25 mai 1985

« J'ai toujours cultivé le mensonge comme un art très rare. Non pour le plaisir de mentir, mais surtout pour inventer des histoires et voir si les grands y croyaient. Comme un acteur.

En vérité, je rêvais d'être comédien. »

Destroy, Éditions Michel Lafon, 1997

« C'est le metteur en scène qui illustre le mieux l'idée que je me faisais du cinéma quand j'étais jeune […]. J'ai rencontré une fois Elia Kazan, à la Cinémathèque de Paris. J'étais tellement impressionné que je n'ai pas osé me faire dédicacer son livre. »

Le Parisien, 3 avril 2015

" DENISE GLASER : *D'où viens-tu Johnny ?* est votre premier grand film, est-ce que vous êtes conquis par le cinéma ?

JOHNNY HALLYDAY : Je suis conquis surtout parce que je trouve que dans le cinéma il y a une ambiance formidable, je pense que c'est à peu près le même métier que d'être chanteur, la seule différence c'est que dans le métier de chanteur tout le monde se tape dans le dos et je pense que dans le cinéma c'est tout le contraire [...]

Quand on est sur scène, il y a le public, il y a l'ambiance, sur scène on fait un peu d'improvisation, on ne règle pas tout avant. Devant une caméra, que ce soit devant une caméra de télévision ou pour faire un film, tout est réglé avant et je pense qu'il n'y a pas d'improvisation. "

Radiodiffusion Télévision Française, ***Discorama***, 8 décembre 1963

" Jean-Luc Godard m'a traité comme un acteur plus que comme un chanteur acteur. Nathalie me propose de déjeuner avec Godard, qui voulait la voir pour un film. Il ne m'adresse pas la parole, il ne me parle même pas. Je rentre chez moi à Paris et quelques semaines après le téléphone sonne, je réponds, "Bonjour, c'est Jean-Luc Godard, je voudrais vous prendre dans mon film avec Nathalie Baye, est-ce qu'on peut déjeuner ensemble ?" J'étais très surpris.

Je déjeune avec lui dans un restaurant de poisson et avec Godard, pas de questions, on ne choisit pas. Il me dit : "On prend une sole." Pendant tout le repas, il dit juste : "C'est bon, n'est-ce pas ?" et à la fin il se lève et me dit : "Bon on commence dans quinze jours." "

France Inter, ***Charivari***, 5 avril 2006,
à propos de ***Détective*** de Jean-Luc Godard

“ Je voulais mais lui il me répondait : "Tu es trop beau ! Tu n'as pas la gueule encore assez marquée. Sûrement que, quand tu auras des rides, peut-être..." ”

Le Parisien, 29 juillet 2013, à propos des films de Claude Lelouch

“ Je crois que la vie fait la gueule qu'on a. Quand j'étais petit, j'étais traumatisé jusqu'à pas longtemps d'ailleurs par le manque de père que j'ai eu dans ma vie, ça a toujours été quelque chose de très douloureux pour moi, je pense qu'il y a des tas de choses comme ça intérieures qui restent ancrées dans la mémoire, dans les yeux et le comportement et quand on est acteur on essaie de se servir de ce que l'on a, de ce que l'on connaît de soi. ”

France Inter, 18 mai 2009

“ J'avais failli tourner, il y a longtemps, dans un film inspiré d'un bouquin de Philippe Djian, *37,2 le matin*, mais je ne sais plus pourquoi cela ne s'est pas fait : je n'étais pas libre ou bien en tournée.

Finalement, c'est Jean-Hugues Anglade qui a eu le rôle, au côté de Béatrice Dalle. À sa sortie, j'ai trouvé le film formidable et j'ai regretté de ne pas en être. ”

Chorus, Jean Théfaine, Printemps 2003

“ Je me demande ce que les gens faisaient au XIXe siècle sans le cinéma. Une fois qu'ils avaient joué aux cartes ou fait l'amour, ils devaient vraiment s'emmerder [rires]. ”

VSD, 29 mars 2006

“ Si je devais vraiment choisir, par plaisir je serais chanteur et par choix intelligent je serais acteur. ”

Paroles et Musique, Jean-Dominique Brierre, juin /juillet /août 1987

“ Je fais des rêves. Je répète mon texte, sans m'en rendre compte. Je me réveille au milieu de la nuit. Ma femme me parle et je lui réponds par une phrase de la pièce qui me revient en mémoire. ”

Europe 1, 23 août 2011, à propos de son rôle
dans *Le Paradis sur terre* de Tennessee Williams

POUR MOI LA VIE VA COMMENCER

(BO du film *D'où viens-tu Johnny ?*)

Auteur-compositeur : Jean-Jacques Debout

1965

Pour moi la vie va commencer
Et sous le ciel de ce pays
Sans jamais connaître l'ennui
Mes années passeront sans bruit
Entre le ciel et mes amis

.11.
LE SPORT

LE BOL D'OR

Auteur : Michel Mallory - Compositeur : Johnny Hallyday

1974

Et la ronde commence
C'est comme une danse
Et les motos hurlent à mort
Ça sent la vitesse
L'exploit la prouesse
Ça s'appelle le Bol d'or

“ Je regrette un certain contrat que j'ai avec mon imprésario. Je ne regrette pas le contrat en lui-même car j'ai un merveilleux contrat et je travaille avec un homme formidable mais je regrette une certaine clause m'interdisant de faire des courses automobiles. Je suis fou d'automobile ! Ce n'est pas forcément la griserie de la vitesse, c'est le fait d'avoir une voiture dans ses mains et d'en faire ce qu'on veut, c'est une belle sensation ! . ”

Paris Inter, 17 novembre 1962

“ Quand j'étais tout petit, avant de rêver d'être chanteur ou comédien, je rêvais d'être coureur automobile. Le métier que je fais m'a permis d'assouvir ma passion. La vitesse c'est une passion et mon fils en a hérité aussi car il court régulièrement en “proto” et je crois que c'est de famille cette folie des voitures. J'aime les voitures qui vont vite, j'aime les courses, c'est une épreuve pour soi-même contre les autres. ”

France Inter, *Résonance*, 12 novembre 2012

“ La compétition sportive, les courses de voitures, ça me donne de l'énergie pour la scène. Les gens qu'ont dit en bonne condition physique, on prétend qu'ils se couchent tôt, qu'ils ne boivent pas, qu'ils ne fument pas. Moi, j'ai fait tout le contraire et je suis en pleine forme ! ”

Le Parisien, 10 juin 2003

“ Je fais des haltères depuis une dizaine d'années mais beaucoup plus sérieusement depuis un an. J'en ai besoin pour mon énergie personnelle. Et puis je crois qu'un homme a besoin de s'entretenir physiquement. Surtout quand il fait un métier public. C'est une question de respect, pour lui-même et pour les autres. ”

Chorus, Jean Théfaine, printemps 1998

LE SPORT

“ J'aime voir mon corps se transformer au bout de deux mois de calvaire dans une salle de musculation. Je fonctionne ainsi : enfer ou paradis, feu ou glace. J'ai horreur du tiède et de la routine. ”

Interview Gilles Lhote

“ Le sport ça défoule et ça m'enlève l'envie d'aller faire la fête le soir. De toute façon, je ne vais plus dans les clubs. La musique est à chier, on ne peut pas fumer, et comme je suis marié, je ne drague plus. ”

Le Journal du dimanche, 22 avril 2012

“ Au départ, je voulais casser ces petits plateaux qui passent assez vite devant soi. Et comme tous ceux qui commencent, je n'y arrivais pas. Michel Mallory, qui tire depuis pas mal de temps, m'a expliqué pourquoi je loupais les plateaux. C'était parce qu'il ne faut pas tirer dans le plateau quand le plateau est devant soi car le temps que la cartouche arrive, le plateau est déjà passé. Il faut tirer dans le mouvement. C'est toute une technique et c'est devenu une passion. ”

France Inter, 5 août 1978, à propos de sa passion pour le ball-trap

À FOND LA FORME !

“ Je n'y connais pas grand-chose au rugby, mais je pense que Toulouse va gagner. ”

Notre Johnny ayant mal entendu une question concernant le peintre Toulouse-Lautrec

“ Si on n'avait pas perdu une heure et quart, on serait là depuis une heure et quart. ”

Interview Paris-Dakar 2002 — sous le soleil !

“ Est-ce que vous les connaissez ces joueurs de l'équipe de France de Football ?
– Oui, je connais Zazie évidemment, je l'adore... ”

TF1, *20 h* du 19 avril 2002 lorsque la langue de l'idole fourche...

.12.
LES MÉDIAS

MA GUEULE

Auteur : Gilles Thibaut / Compositeur : Pierre Naçabal

1979

Quoi, ma gueule ?
Qu'est-ce qu'elle a ma gueule ?
Si tu veux te la payer
Viens je rends la monnaie
T'as rien dit tu l'as déjà dit
On ne va pas y passer la nuit
Ma gueule et moi on est de sortie
On cherchait plutôt des amis

“ Je trouverais ridicule de sortir des parapluies le jour de mon mariage pour empêcher les photos. Si on est une personne publique, on l'assume. Quand les gens vous aiment, ils ont envie d'être heureux en même temps que vous. La presse sert de lien. ”

VSD, 29 mars 2006

“ Être traqué par les paparazzis n'est pas quelque chose de terrible. J'ai grandi avec ça donc ça ne me dérange plus. Ce que je ne supporte pas, ce sont toutes les saloperies qui peuvent être écrites. Moins pour soi-même d'ailleurs que pour ceux qui vous entourent et que vous aimez. ”

Le Républicain Lorrain, 24 avril 2012

“ À un moment, les médias ont décidé que ma timidité c'était de la connerie et ça a été leur nouveau fond de commerce. Tiens, être l'abruti de service, ça fait marrer. Pour moi, ça a été dur parce que ça m'a inhibé encore plus. ”

Dans mes yeux, Johnny Hallyday & Amanda Sthers, Éditions Plon, 2013

“ Cela m'agace qu'on me traite d'imbécile. C'est parce que je suis quelqu'un de timide dans la vie, je n'aime pas trop parler, alors comme je ne parle pas beaucoup, je panique, je ne m'exprime pas du tout comme ce que je pense dans ma tête.
Et quelque part ça m'arrange car on ne se méfie pas des cons. ”

France Inter, *Synergie*, 29 janvier 1998

“ Alors que j'ai trente-sept ans de carrière derrière moi, certains disent :
"*Oh là là, on découvre Johnny ! Finalement il n'est pas si con que ça, ce n'est pas un abruti !*"
Moi je n'ai pas changé, je suis toujours le même. ”

Chorus, Jean Théfaine, printemps 1998

À PROPOS DES GUIGNOLS DE L'INFO

“ Il y a aussi un paquet de gens qui me détestent ! Qui me tournent en dérision, qui me font "*Ah que coucou...*"
Au début c'est marrant. Au bout de dix ans...
Moi je dis toujours que les blagues les plus courtes sont les meilleures. Ou le "*ah que*" : je n'ai jamais dit "*ah que*" ! Je sais bien que c'est de la caricature. Mais les gens simples pensent que c'est vrai, l'identifient à ça, et au bout d'un moment c'est énervant... ”

Les Inrocks, mai 2009

ELLE EST TERRIBLE

Auteurs : Jil et Jan / Adaptation de *Somethin' Else* d'Eddie Cochran

1962

Attends un peu ***ah que*** *je travaille*
Quand je pourrai me la payer comptant
J'inviterai la belle fille à monter dedans
La capote baissée sans trop nous presser
Nous descendrons les Champs-Élysées
Et les copains nous voyant passer diront médusés
Y'a pas à dire, ce gars-là
Il est terrible

PAROLES DE YVES LECOQ

“ Il y a très longtemps, Johnny Hallyday n'avait pas aimé "*La boîte à coucou*". Son boys band était venu me casser la gueule à la sortie du JT [...] On s'est arrangés après. Il a compris que cela lui faisait plus de bien que de tort. Ce qui est souvent le cas avec les *Guignols*. Un personnage crispé dans la vie devient drôle au final. ”

Gala, 9 décembre 2015

“ Quand j'ai besoin de réapprendre une chanson pour remettre une chanson dans mon tour de chant, une chanson que je n'ai pas chantée depuis longtemps, je vais sur YouTube pour écouter la chanson et m'en rappeler. J'ai redécouvert des chansons sur YouTube que j'avais complètement oublié avoir enregistrées et chantées sur scène ! C'est vrai que j'en ai chanté tellement, plus de mille et avec les versions étrangères on doit être à mille quatre cents chansons... ”

Radio Télévision Suisse, *Pardonnez-moi*, 28 mai 2012

“ Si je fais peu de télévision c'est parce que l'on me demande toujours, par rapport à la technique, de chanter en playback et je déteste chanter en playback. Et puis en plus ce n'est pas mon métier de chanter en playback. Il n'y a malheureusement pas beaucoup d'émissions où on a l'occasion de chanter en direct. ”

Europe 1, Nikos Aliagas, 21 octobre 2016

J'EN AI MARRE

Auteur : Michel Mallory / Compositeur : Erick Bamy

1981

Ouais, arrêtez de me faire passer
Pour c'que j'n'ai jamais été
Être fiché, catalogué
Comme vous l'avez rêvé

Je suis fou, j'suis voyou
J'suis drogué, j'suis cinglé, choisissez
Je porte tous les chapeaux
Ça dépend des télés, des radios

.13.

LA STAR ET L'ARGENT

" Si je suis une star, ce n'est pas grâce à moi c'est grâce au public. Ce sont eux et les milieux médiatiques qui ont fait de moi une star [...]
On ne devient pas une star parce que l'on veut devenir une star sinon il n'y aurait que des stars en France. "

France Inter, *Synergie*, 28 janvier 1998

" JOURNALISTE : Johnny Hallyday, vous avez eu une ascension foudroyante, puisqu'en l'espace de quelques mois on a parlé de vous dans toute la presse. Quelle impression cela vous fait-il ?

JOHNNY : Cela ne me fait pas une impression très forte car j'ai quand même voyagé dès que j'étais tout petit avec ma famille qui était artiste. Je suis quand même un peu habitué à ce milieu.

JOURNALISTE : Mais vous pensiez tout de même que l'on parlerait de vous aussi rapidement, que vous alliez être célèbre du jour au lendemain, ou vous vous disiez "*je me donne deux ou trois ans ?*"

JOHNNY : Non, d'ailleurs je ne pensais pas du tout faire ça. J'aime faire ce métier-là et je le ferai que ça marche ou que ça ne marche pas.

JOURNALISTE : Qu'est-ce que vous vouliez faire au départ ?

JOHNNY : Je comptais faire ça mais je ne comptais pas gagner beaucoup d'argent ou réussir mais malgré tout, on a quand même des espérances. "

Radiodiffusion Télévision Française, *Les échos du cinéma*, 1er janvier 1961

" Je ne fais pas ce métier pour être Johnny Hallyday. Je le fais parce que j'aime faire des spectacles. Si les gens sont heureux, j'ai réussi ma soirée. Je ne chante pas pour être une star. Ça, je m'en fous. "

Sud Ouest, 2012

« Je ne suis pas fait pour être Jean-Philippe Smet. Moi je suis fait pour aller sur les routes. J'ai voulu arrêter une fois et je me suis aperçu que je m'ennuyais beaucoup quand je ne travaillais pas. J'ai besoin de ça, j'ai besoin de faire le chanteur, j'ai besoin de faire l'acteur. J'ai besoin du public aussi, c'est vital. »

TF1, *20 h* du 24 novembre 2013

SIGNES EXTÉRIEURS DE RICHESSE

Auteurs : Claude Lemesle – Johnny Hallyday
Compositeurs : Pierre Billon – Éric Bouad

1983

Ça m'a mis la puce à l'oreille
L'anneau que j'y avais pendu
Brillait un peu trop au soleil
Tout ce qui brille est défendu

Et quand je pense que, dans mes disques,
Ma voix vibre sous un diamant
Je me dis que je prends des risques
Des risques d'or évidemment

« Je suis un baladin qui gagne sa vie avec sa voix et sa guitare depuis qu'il est môme [...] Carlos venait avec moi quand je n'arrivais pas à me faire payer. Il avait 16 ans, mais il était efficace. Comme disait maman Dolto, il prenait son rôle de gorille très au sérieux. »

L'Express, 16 février 2004

« Au début de ma carrière, j'ai été pris dans l'engrenage des imprésarios, des hommes d'affaires qui ont peut-être vu en moi un moyen financier. Quand je suis tombé dans cet engrenage, ils m'ont fait faire gala sur gala, spectacle sur spectacle, et je n'ai jamais arrêté. »

France Inter, *Radioscopie*, 22 septembre 1970

“Au fil des ans, ma maison de disques m'a dépouillé petit à petit d'une part de mes ressources et de mes biens. Je perds la licence de mon nom, mon propre nom quand même, pour certains merchandisings, et la propriété de ma maison, villa Molitor, à Paris, puis de la Lorada à Ramatuelle”

L'Express, 16 février 2004

RESTER LIBRE

Auteur-compositeur : Erick Benzi

1995

Je pourrai partir en guerre
Contre ces yeux qui regardent sans voir
Contre ces heures de misère
À rester sur le bord d'un trottoir
Je pourrai aussi me taire
Quand les mots parlent plus fort que le vent
Quand il y a tant de choses à faire
Et même si personne ne m'attend

“Si je dois dix centimes au fisc, on vient me les saisir. Un jour, les huissiers ont même emporté mes blousons.”

Paris Match, 20 décembre 2006

“Si je n'étais pas chanteur, je serais au smic !”

Le Parisien, 25 mars 2011

“On a souvent dit que je m'étais barré pour ne pas payer d'impôts. C'est en partie vrai, mais c'est aussi parce que c'est épuisant cette ambiance.”

Dans mes yeux, Johnny Hallyday & Amanda Sthers, Éditions Plon, 2013

RIEN À PERSONNE

Auteur : Georges Aber

Compositeurs : Erick Bamy – Johnny Hallyday

1984

Je me fous de ce que l'on pense
Pour tout dire je m'en balance
J'ai mes joies et mes souffrances
Chaque jour j'avance

Non, je ne dois rien à personne
Et je ne méprise personne
J'ai donné plus que personne
Non je ne dois rien à personne

.14.

L'AMÉRIQUE

MON AMÉRIQUE À MOI

Auteur : Philippe Labro / Compositeurs : Éric Bouad – Johnny Hallyday

1982

Mon Amérique à moi est modeste et tranquille
Elle me dit : « Good morning ! » avec un grand sourire
Me sert du café chaud, des pommes à la vanille
M'invite pour passer Noël au Tennessee
Et pour faire du cheval dans la Ouest Virginie

" Depuis ma première visite en 1962, l'Amérique me fascine. D'ailleurs, quand je suis revenu, j'ai rapporté la grande panoplie de cow-boy, bottes, jeans, holsters, chemises, tout.

Au Plessis-Robinson, dès 1964, j'avais même Johnny Village, un ranch western avec démonstrations de rodéo et magasin de disques. C'était le parc Johnny-Hallyday ; il a bien sûr fermé ses portes quand je suis parti faire mon service militaire. "

La Terre promise, Johnny Hallyday avec Philippe Manœuvre, Éditions Fayard, 2015

" Comme tous les mômes de l'époque, l'Amérique c'était magique pour moi, c'était un petit peu comme le décrivait la chanson de Philippe Labro.

C'est une des raisons pour lesquelles j'ai interprété cette chanson *Mon Amérique à moi*. On se fait toujours une fausse image des États-Unis. Pour moi, l'Amérique c'était le pays où on dépose le lait devant les portes, où les enfants passent en bicyclette et lancent les journaux, c'était le cinéma, c'était les westerns... "

TF1, *Grand public*, 19 décembre 1986

LES BRAS EN CROIX

Auteurs : Jil et Jan / Compositeur : Johnny Hallyday

1963

Dans la vallée de l'Oklahoma
Ton coup de fusil fait mouche toutes les fois
Mais attention un jour tu finiras
Dans la poussière les bras en croix

“ Une fois, j'étais dans cet hôtel à Nashville, avec une piscine en forme de guitare. J'étais en ville pour enregistrer. Un jour, j'ai été réveillé en sursaut. Le groupe Kiss était en ville pour un concert et s'était installé dans le même hôtel. Le bordel que c'était ! Ça courait dans tous les sens, de chambre en chambre, je ne comprenais pas ce qui se passait. J'ouvre une porte au hasard, et je tombe sur ces mecs déguisés, entourés d'une horde de nanas à poil ! C'était une soirée mémorable, on va dire… Évidemment, le mobilier a fini dans la piscine. ”

Télérama, 24 octobre 2014

“ J'adore vivre à Los Angeles, car je suis un parfait anonyme dans cette ville. Je peux emmener mes filles à l'école, aller au cinéma et même taper des bœufs dans un club de Santa Fe. ”

Le Journal du dimanche, 22 avril 2012

“ C'est mon endroit préféré au monde… [Santa Fe] Dès que je peux, je prends ma moto et j'y vais avec des copains. Il y a le Cow Girl Café, un restau en plein air où ça joue du blues. On reste trois-quatre jours, on fait des bœufs, on se marre bien.

C'est le seul lieu où je vois des mecs arriver à cheval, les attacher comme devant un saloon, faire la fête jusqu'à 4 heures du matin et repartir comme ça ! »

Le Parisien Magazine, 3 avril 2015

« J'aime la tranquillité de la vie en Californie. Je peux me ressourcer et écouter de la musique, trouver l'inspiration. Et lorsque je me promène, je suis tranquille. Les gens ne s'attardent pas sur moi : des stars, il y en a partout ! »

Ouest France, 10 mars 2017z

CARTES POSTALES D'ALABAMA

Auteur : Claude Moine / Adaptation de *Sweet Home Alabama* de Ronnie Van Zant – Ed King – Gary Rossington

1982

Des fleurs de coton qui bougent
S'envolant vers un ciel bleu
Me rappellent que le blues
Est né sous des jours heureux
Jours heureux

Cartes postales d'Alabama
Vos couleurs sont dépassées
Bons baisers d'Alabama
Tes lèvres ne sont plus sucrées

« Aux États-Unis, ils ont la même crise que chez nous et dans le monde entier, mais ils s'en sortent, ils ne se plaignent pas toute la journée les Américains ! Il faut s'en sortir, alors ils bossent.

Ici, on a l'impression d'être assisté : on ne bosse pas, on fait 35 heures, on fait des manifs, la grève... Je trouve ça désolant. C'est pas comme ça qu'on s'en sortira. "

Le Point, 13 novembre 2014

" Je trouve ça très beau une moto, surtout une Harley Davidson. J'ai cette passion depuis que je suis tout môme J'ai toujours rêvé d'en avoir une surtout depuis que j'ai vu Marlon Brando dans *L'Équipée sauvage*.
Quand j'ai commencé à travailler et que j'ai pu m'en payer une, ce fut une grande joie de ma vie !
Ou on est Harley Davidson ou bien on ne l'est pas, c'est une tradition. La Harley est la vraie moto des motards et tous ceux qui ont eu des Harley n'ont pas eu d'autres motos. "

France Inter, 5 août 1978

CHEVAL D'ACIER

Auteurs-compositeurs :
Johnny Hallyday – Mick Jones – Georges Aber
1968

Cheval d'acier, cheval de fer
Dans un galop d'enfer
Emmène-moi loin de la terre
Rebondir dans les airs

Pour des galops de fou
J'ai toujours rendez-vous
À cheval je vais n'importe où
Cheval d'acier sûr de vous

.15.

LA POLITIQUE

TIEN AN MEN

Auteur :Ysa Shandy / Compositeur : Jacques Cardona

1991

Je m'en souviens
Un printemps comme les autres que celui de Pékin
À qui est-ce la faute si on n'en dit plus rien ?
C'était pourtant hier, qu'en ferons-nous demain ?
Qu'en ferons-nous demain ?

“ Je n'aime pas les gauchistes. Je ne dois pas être assez intelligent pour les comprendre.”

Paris Jour, 29 septembre 1966

“ Pompidou était formidable ! Vous savez, je regrette cette époque. C'était un bon président. Les années Pompidou, c'était formidable. La France n'était pas au bord du désespoir. Les gens s'amusaient. ”

Le Point, 13 novembre 2014

“ Je trouve que les gens deviennent fous… C'est aberrant de voter pour le Front national. Ce ne sont pas mes racines. Ça me fait peur. ”

Le Parisien Aujourd'hui en France, 25 mars 2011

“ Jacques Chirac est un homme simple et droit. Un fana de bière qui arrose son coq au vin de Corona. Je le connais depuis longtemps, il n'a pas pris la grosse tête. Ce n'est pas un président pédant comme certains l'étaient. Et, croyez-moi, j'en ai vu passer. ”

L'Express, 18 juillet 1996

PAROLES DE JACQUES CHIRAC

“ Mon cher Johnny, c'est d'abord pour moi un grand privilège de te voir avec une cravate. Je dois dire que ce sera pour moi un souvenir […] Jean-Philippe Smet, dit Johnny Hallyday, un génie, chacun le sait, mais aussi de la sensibilité, de l'émotion, un cœur gros comme une maison, quelqu'un qui aime la vie, la France, le monde, les jeunes, les moins jeunes. Étonnante personnalité, c'est le moins qu'on puisse en dire. ”

Discours de la remise de la Légion d'honneur à Johnny
le 24 janvier 1997

“ Je n'ai pas l'intention de donner mon avis sur quoi que ce soit. Je crois qu'un artiste n'a pas à se prononcer. Je l'ai d'ailleurs fait, à tort, je l'avoue.
Je ne me mêlerai plus jamais ouvertement de politique. ”

L'Express, 24 avril 2012

“ Je suis très ami et je serai ami toute ma vie avec Nicolas Sarkozy, parce que je le connais depuis très longtemps, et c'est lui qui m'a marié avec Laeticia [...]
M. Hollande sera certainement, et je l'espère, un très bon président pour la France. ”

Le Parisien, 14 mai 2012

“ J'ai dit trop de conneries qui se sont retournées contre moi. Je regrette la plupart des choses que j'ai pu dire, souvent par maladresse.

Cela m'a renvoyé à ce que je suis : un musicien qui n'est pas armé pour parler de politique. On ne demande pas aux hommes politiques de venir chanter sur scène.
Si chacun est à sa place, c'est bien mieux comme ça. ”

Paris Match, juillet 2015

“ Il faut voter "oui", moi je suis pour l'Europe, on ne peut pas, nous Français, rester en dehors de l'Europe, ce serait faire marche arrière. On existe et il faut qu'on continue à exister. Je crois que si le "non" gagnait, il y aurait pas mal de gens qui quitteraient la France.

Je me sens européen car je voyage continuellement et je me sens chez moi partout, mais mon cœur est français. ”

Palais de l'Élysée 2005, colloque sur l'avenir de l'Europe culturelle

“ J'ai été bouleversé par le drame de Charlie. Je connaissais un peu Wolinski, j'aimais bien les dessins qu'il faisait de moi, il lui arrivait de me les envoyer. J'ai passé la journée du 11 janvier devant la télé, à voir mon pays rassemblé. Ça m'a bouleversé. ”

Paris Match, 12 novembre 2015

UN DIMANCHE DE JANVIER

Auteur : Jeanne Cherhal / Compositeur : Yodelice

2015

Pour apaiser la peine
De tout un pays soulevé
Nous étions venus sans peur et sans haine
Ce dimanche de janvier
Pour garder en mémoire
Nos héros d'encre et de papier
Nous étions restés debout jusqu'au soir
Ce dimanche de janvier

.16.
LA RELIGION

SI J'ÉTAIS UN CHARPENTIER

Auteur : Long Chris

Adaptation de *If I Were a Carpenter* de Tim Hardin

1966

Si j'étais un charpentier
Si tu t'appelais Marie
Mes mains seraient sèches et dures
Et les tiennes si fragiles

Les hommes et leur colère
Viendraient la nuit pour tuer
Nous fuirions dans le désert
Cacher le nouveau-né

« Je suis croyant et catholique. Même si je ne pratique pas. Il m'est arrivé, avant un spectacle, d'aller allumer un cierge dans une église. »

France-Soir, 31 août 1990

« Je ne suis pas pratiquant mais je suis croyant. Il faut croire car si l'on ne croit en rien on finit par tourner en rond. Ça donne de l'espoir de croire en quelque chose. Je crois en Dieu c'est vrai mais je ne suis pas pour l'église, je ne suis pas tout à fait d'accord avec ça mais je crois en Dieu. »

France Inter, ***Résonance***, 12 novembre 2002

AVEC UNE POIGNÉE DE TERRE

Auteurs : Jil et Jan

Adaptation de *A Hundred Pounds of Clay* de Gene McDaniels

1961

Avec une seule poignée de terre
Il a créé tes lèvres
Et tes deux bras quand ils me serrent
Pour me donner la fièvre
Et je pense à chaque instant
Que celle que j'aime tant
Le seigneur l'a faite
Avec une seule poignée de terre

“ Je ne suis pas croyant au sens religieux du terme mais on doit tous croire en quelque chose. Je pense qu'il y a quelqu'un, un être qui nous a créés. Je ne crois pas en l'Église, pas aux dogmes. Je ne peux concevoir que cette puissance créatrice soit liée à la bonté. Je n'avale pas leurs excuses pour expliquer qu'il y a des trésors d'un côté et des gens qui meurent de faim de l'autre. Je respecte ceux qui croient mais pour moi l'injustice annihile l'idée de Dieu. ”

Dans mes yeux, Johnny Hallyday & Amanda Sthers, Éditions Plon, 2013

“ Tout le monde faisait son armée à l'époque, alors pourquoi pas moi ? Maintenant, bien sûr, je trouve ça ridicule, le service. De toute manière, j'ai toujours été contre la guerre. Et contre les religions, toutes. Les guerres viennent toujours des religions, non ? ”

Télérama, 17 novembre 2014

MARIE

Auteur-compositeur : Gérald de Palmas

2002

Demain ce sera le grand jour
Il faudra faire preuve de bravoure
Monter au front, en première ligne
Oh Marie je t'en prie fais-moi un signe

“ Je suis croyant et je suis chrétien. On peut me faire ce qu'on voudra, je resterai chrétien. Je suis sûr que Jésus, lui, ne m'en veut pas. Il sait que je n'ai pas voulu l'insulter ni le tourner en dérision, et cela seul compte pour moi. ”

Le Point, 30 octobre 2014, à propos de la chanson *Jésus Christ*

Sur la pochette du 45 tours, Johnny porte une barbe mi-Christ, mi-hippie. La chanson est censurée des ondes, rejetée par certains disquaires et bannie par l'Église et le Vatican.

JÉSUS CHRIST

Auteur : Philippe Labro / Compositeur : Eddie Vartan

1970

S'il existe encore aujourd'hui
Il doit vivre aux États-Unis
Il doit jouer de la guitare
Et coucher sur les bancs des gares
Il doit fumer de la marie-jeanne
Avec un regard bleu qui plane

.17.

LES EXCÈS : DROGUE ET ALCOOL

“ Avant, j'étais plus impulsif. Je me laissais aller... Maintenant, je mène toujours ma vie à deux cents à l'heure, mais j'ai appris à me servir de mon rétroviseur.

Et j'avoue, par exemple, que je suis bouleversé quand je lis toutes ces histoires de drogue... La jeunesse est trop belle pour sombrer dans l'ennui et ses dérives. ”

Paris Jour, 17 septembre 1969

“ La drogue est interdite mais je crois que l'alcool devrait l'être aussi parce que l'alcool fait autant de dégâts que la drogue, beaucoup de gens boivent car c'est plus facile à trouver. Personnellement j'aurais peur qu'un jour mon fils se drogue. Cela m'est arrivé de fumer et je le regrette. J'ai essayé parce que tout le monde m'en parlait et je me suis rendu compte que je ne voulais pas tomber dans l'excès ou devenir un drogué car il n'y a rien au monde qui fait plus peur que la drogue. ”

France Inter, ***Radioscopie***, 22 septembre 1970

“ Pendant la tournée, les "*speed*" furent utilisés en quantité tellement astronomique que les musiciens m'avaient surnommé "*Speedy Gonzales*". ”

Destroy, Éditions Michel Lafon, 1997

“ La cocaïne, j'en ai pris longtemps en tombant de mon lit le matin. Maintenant c'est fini. J'en prends pour travailler, relancer la machine, pour tenir le coup [...] La poudre et le hasch circulent à mort chez les musiciens. Il n'y a pas à s'en vanter, je n'en suis pas fier, c'est ainsi, c'est tout. Mais il faut bien savoir que nos chansons, on ne les sort pas forcément d'une pochette-surprise. ”

Le Monde, Daniel Rondeau, 7 janvier 1998

" On m'a proposé de l'héro aussi, bien sûr, mais ça, je n'ai jamais voulu y toucher. Je sais m'arrêter quand il le faut. L'héroïne est une drogue avec "*Mort*" écrit dessus. L'héro a tué Janis Joplin, Jim Morrison. Plein d'autres. Des gens remarquables. "

La Terre promise, Johnny Hallyday avec Philippe Manœuvre, Fayard, 2015

" La drogue me fait peur. Je tiens à ma santé. J'ai vu tellement de gens autour de moi mourir dans des agonies terribles. Les musiciens de mon âge ont l'air beaucoup plus vieux que moi, mais ils en ont pris beaucoup plus que moi aussi. La drogue et moi c'est la légende. "

Psychologies Magazine, juillet 2009

" Tous les gens qui se droguent, soi-disant pour faire du rock'n'roll ou à cause du rock'n'roll, c'est une fausse excuse. Dans le milieu de la musique, c'était beaucoup plus facile de trouver de la dope, et du coup d'être tenté. Ne serait-ce que pour faire comme tout le monde. C'est une question d'époque aussi. Il y avait un vrai phénomène de mode autrefois. "

Télérama, 29 octobre 2014

" FRÉDÉRIC BEIGBEDER : Toi, tu n'es jamais vraiment tombé dans la drogue dure ?

JOHNNY HALLYDAY : Non, à part la coke que j'ai aimée. Je n'ai jamais succombé à l'héro, parce quve je suis hyperactif. À l'époque, John Lennon voulait me faire essayer les buvards [LSD]. Mais je n'ai jamais accepté. Par contre, j'ai mangé des champignons avec M.

FB : Ouh là ! Mais c'est très fort les champis !

JH : « Je vais te dire un truc : qu'est-ce que je trouvais tout le monde gentil, après ! Et j'étais bien plus en forme que lui. J'aurais pu baiser un tronc d'arbre ! »

Magazine *Lui*, avril 2014

« Si j'ai un conseil à donner à mon fils et à tous les jeunes de France, c'est celui-ci : si vous tombez sur un sachet de poudre, jetez-le, c'est de la merde ! Je le pense très sincèrement. »

Chorus, Jean Théfaine, printemps 1998

LES VAUTOURS

Auteur : Étienne Roda-Gil / Compositeur : Jacques Cardona

1989

On boit l'alcool qui passe
Debout, à genoux
On se fait des grimaces
Parfois on se dit tout...

Je me réveille
Le cœur agité
Des souvenirs d'une nuit
Trop dure à rêver

« J'ai complètement arrêté l'alcool. Même plus envie [...] Je buvais quand je sortais en boîte de nuit. Alors, je n'y vais plus très souvent. De toute façon, on s'y emmerde tellement ! Je ne peux pas draguer parce que je suis marié et amoureux ; j'aime pas danser ; donc il ne me reste plus qu'à picoler, et j'ai arrêté. Et je ne vais pas boire du Coca light en boîte de nuit... Vous imaginez ? »

Paris Match, 24 mars 2011

« On a raconté beaucoup d'histoires sur moi. J'ai été un fêtard, mais dans l'ensemble mon hygiène de vie est assez saine. Surtout depuis que je vis en Californie. Parfois, je m'éclate, je dépasse un peu les bornes et je vais loin dans les excès, mais je me limite vite. Cette hygiène est nécessaire. Il faut de la rigueur pour tenir longtemps dans ce métier. »

Ouest France, 10 mars 2017

LA FILLE À QUI JE PENSE

Auteur : Ralph Bernet
Compositeurs : Jacques Revaux – Johnny Hallyday
1966

Je sais bien qu'autour de moi on dit
Que de jour en jour je me détruis
Sans l'amour qu'elle m'avait donné, ça ne sert à rien d'exister
Chaque fois ton cœur, lui, me pardonne, mes amis viennent me consoler
Mais c'est l'alcool, lui, qui me donne les plus beaux rêves que je fais

.18.
LA MORT

TESTAMENT D'UN POÈTE

Auteur : Antonio Machado (poème)
Compositeur : Jean-Claude Petit
1989

Tout passe
Et puis tout reste

Mais notre destin
C'est passer

Passer en creusant
Des chemins

Des chemins
Sur les marées

Je n'ai jamais poursuivi la gloire
Ni cherché à marquer la mémoire des hommes
De ma chanson

J'aime les mondes fragiles
Sans gravité et tranquilles
Comme une bulle de savon

" J'ai dit la plus grosse connerie de ma vie à 20 ans, quand j'étais fou de James Dean. J'ai dit que mon rêve était de vivre vite et de mourir jeune. Aujourd'hui, mon rêve, c'est toujours de vivre vite, mais de mourir vieux. "

Psychologies Magazine, juillet 2009

" J'avale un tube entier de barbituriques et je fais passer avec des rasades d'éther. Et pour être certain de ne pas me rater, je prends un rasoir. Éclair de la lame qui tranche les veines du poignet à plusieurs reprises. Sang ! Vertige ! "

Destroy, Éditions Michel Lafon, 1997,
à propos de sa tentative de suicide en septembre 1966

" J'étais dans un moment critique de ma vie, c'était une époque qui allait très mal pour moi et je regrette ce que j'ai fait parce que ça fait tellement de peine pour ceux qui restent qu'on n'a pas le droit de le faire. "

France Inter, *Radioscopie*, 22 septembre 1970

NOIR C'EST NOIR

Auteur : Georges Aber
Adaptation de Black Is Black de Los Bravos

1966

Noir c'est noir
Il n'y a plus d'espoir
Oui, gris c'est gris
Et c'est fini, oh, oh, oh, oh
Ça me rend fou
J'ai cru à ton amour
Et je perds tout

" Parfois, je me réveille la nuit, je me dis :
"Je vais disparaître, je ne verrai plus les gens que j'aime, je ne pourrai plus avoir les habitudes que j'aime avoir." C'est ce qu'il y a de plus terrifiant. "

VSD, 29 mars 2006

" Quand j'étais dans le coma, j'entendais la voix de ma femme Laeticia, et très sincèrement c'est sa voix qui m'a donné le courage de revenir à la vie. C'est elle qui m'a empêché de sombrer. Sortir du néant c'est une expérience que je ne recommande à personne. "

TF1, *20 h* du 27 février 2011

" Tout ce que Laeticia m'a raconté sur mon coma a provoqué une peur rétrospective terrible. Songez que quand elle demandait si j'allais m'en sortir, ils lui répondaient "Dieu seul sait". J'ai très mal vécu tout ça.

Le pire c'est de savoir que les médecins voulaient faire signer à ma femme le papier qui l'aurait autorisée à me débrancher en cas de coma dépassé... "

Le Journal du dimanche, 27 février 2011

" Me débrancher ! Une autre femme, une femme qui ne m'aimerait pas vraiment, aurait signé. "Oui, oui, débranchez-le. " Ça aurait pu être le crime parfait. "

Paris Match, mars 2011

“ Johnny Hallyday vient de nous quitter. RIP ”

“ Décès de Johnny Hallyday, les proches du chanteur confirment. ”

Tweets publiés le vendredi 5 août 2016

RÉPONSE DE JOHNNY :

“ Tout va bien, je suis en pleine forme. Mort aux cons. ”

Tweet du samedi 6 août 2016 pour démentir la fausse information qui annonçait son décès sur les réseaux sociaux et reprise par les médias du monde entier

“ *Bonjour à tous,*
L'affluence de mensonges qui circule sur mon état de santé me choque profondément.

Les informations alarmistes répandues par certains médias et les réseaux sociaux sont erronées, gênantes et indignes. La pudeur et la discrétion devraient rester de mise dans ce type de propos, ne serait-ce que par respect pour les miens.

Alors je vous rassure je vais très bien et suis en bonne forme physique. On m'a effectivement dépisté il y a quelques mois des cellules cancéreuses pour lesquelles je suis actuellement traité. Je suis suivi par d'excellents professeurs en qui j'ai une totale confiance. Mes jours ne sont aujourd'hui pas en danger. C'est un combat que je mène fièrement avec ma femme Laeticia et mes proches.

J'irai au bout pour tous ceux qui m'aiment.

À bientôt sur scène.
Johnny Hallyday. ”

Tweet du 8 mars 2017

“ Comment vous dire à vous tous ?

Merci, merci du fond du cœur pour tous ces messages de soutien que vous m'avez donnés. Je vous aime profondément moi aussi. Vous me manquez mais on va se voir très bientôt et moi je suis très heureux de ça. Je vous aime. Merci pour vos messages. Ça m'a touché jusqu'au fond du cœur. ”

Message vidéo adressé aux fans le 15 mai 2017

“ J'arrêterai de chanter le jour de ma mort. ”

Le Parisien, 25 mars 2011

L'ENVIE

Auteur-compositeur : Jean-Jacques Goldman

1986

Qu'on me donne l'obscurité puis la lumière
Qu'on me donne la faim la soif puis un festin
Qu'on m'enlève ce qui est vain et secondaire
Que je retrouve le prix de la vie... enfin !

.19.

LES INCLASSABLES PLANÈTE JOHNNY

« Ma devise :
exister c'est insister. »

“Dans ma vie, j'ai toujours beaucoup de mal lorsqu'il faut commencer une phrase par "*Je crois que*" ou "*Je pense que*" ”

France Soir, 1983

“Depuis le rock'n'roll et les Beatles il n'y a rien eu.
Ne parlons pas du disco. Pour moi, c'est la même chose que le twist.
C'est une musique d'aéroport, de fastfood.”

Paroles et Musique, Jean-Dominique Brierre,
juin /juillet /août 1987

“Je ne suis jamais seul, à moins que je lis. [sic]”

TF1, 1989

“J'aimerais apprendre à dire non pour ne plus me retrouver à dire oui sans faire attention.”

Vogue Hommes, septembre 1994

“On parle toujours de l'intelligence, mais chaque individu a une intelligence différente. Obligatoirement, vous avez votre propre intelligence, l'intelligence de quelqu'un d'autre ne sera pas à votre portée.

Donc, c'est pour ça qu'on ne peut pas vraiment dire que "*Untel est con*" ou "*Untel est intelligent*". Chaque personne, même un con, a une intelligence à lui. Quand je dis un con, je veux bien sûr dire quelqu'un qui est considéré comme un con.”

Elle, 26 juin 1995

“On n'échappe pas à son enfance. Oui, c'est vrai, au fond, je suis quelqu'un de malheureux. Je me méfie des gens trop heureux, ce n'est pas normal.”

Destroy, Éditions Michel Lafon, 1997

" Je vis au jour le jour, pour demain, pas pour hier. "

TV Magazine, 4 octobre 1999

" THIERRY ARDISSON : Quel est ton personnage historique favori ?

JOHNNY HALLYDAY : Robin des bois.

THIERRY ARDISSON : Qui aurais-tu aimé être si tu n'étais pas Johnny Hallyday ?

JOHNNY HALLYDAY : Jean Gabin.

THIERRY ARDISSON : Quel est ton principal défaut ?

JOHNNY HALLYDAY :Je suis têtu.

THIERRY ARDISSON : Quel est le don de la nature que tu n'as pas et que tu aimerais avoir ?

JOHNNY HALLYDAY : J'aimerais en avoir une de 30 cm !

THIERRY ARDISSON : Ce que tu détestes par-dessus tout ?

JOHNNY HALLYDAY : Les pédophiles.

THIERRY ARDISSON : Comment aimerais-tu mourir ?

JOHNNY HALLYDAY : Vite.

THIERRY ARDISSON : Est-ce que tu as une devise ?

JOHNNY HALLYDAY : Vivre et laisser vivre. "

France 2, *Tout le monde en parle*, 27 septembre 2003

" Je ne suis pas une star, les gens s'imaginent ça mais je suis un homme simple. Quand je me réveille et que la petite Jade me regarde en face, qu'elle me sourit et qu'elle dit "*papa*", elle a 18 mois, c'est la plus belle chose au monde, le reste je m'en fous. "

France 3 Nord Pas-de-Calais, 15 mars 2006

“ Je ne suis jamais allé voir un psychiatre parce que je ne pourrais pas dévoiler ce que j'ai au fond de moi à un étranger. Je suis trop pudique pour ça. J'ai fait un bon boulot avec moi-même, tout seul. Je me suis construit par rapport à mes rêves et je ne m'en suis pas trop mal sorti quand même, non ? ”

Psychologies Magazine, juillet 2009

“ De la même manière que je ne porte pas de lunettes de vue, George Clooney ne boit pas d'expresso. ”

GQ, 2009

“ Jean-Philippe Smet peut s'ennuyer rapidement quand il n'est pas Johnny. Vous savez, je suis gémeaux, donc je suis deux personnes à la fois. Jean-Philippe le pudique dans la vie et Johnny l'impudique sur scène. ”

Le Journal du dimanche, 22 avril 2012

“ Il faut souffrir un peu pour être heureux. Il n'y a que les cons qui sont heureux tout le temps. ”

20 minutes, 16 novembre 2014

“ Vapoter c'est rock'n'roll, on ne sait pas ce qu'il y a dedans. ”

France 5, *C à vous*, 21 novembre 2014

“ J'ai du mal à m'imaginer écouter Johnny Hallyday. Je vis avec ! ”

Le Parisien, 28 octobre 2015

.20.
PAROLES DE VIEILLES CANAILLES

ON VEUT DES LÉGENDES

Auteur : Claude Moine
Compositeur : Pierre Papadiamandis
2006

JOHNNY
Certains disent que le King vit et dort
Dans une île cachée, un endroit sûr
J'espère pour lui qu'il est bien mort

EDDY
28 ans sous terre ça s'rait trop dur

REFRAIN
On veut des légendes, des légendes
À consommer toutes prêtes sur commande
Les mythes nous rongent mais tiennent bon
Grâce à nos marchands d'illusions

JEAN-LOUIS AUBERT

" C'est surtout sa générosité et sa bonté : d'être prêt de lui sur scène, c'est ce que j'ai ressenti de plus fort. Je trouve qu'il est très rassurant, il est presque paternel avec moi, il n'arrêtait pas de me pousser en avant. Je le remercie de tout cœur de nous avoir offert ce genre de soirée, on s'en souviendra longtemps. Il m'a appris et répété que les grands étaient toujours gentils. "

France Inter, 11 juin 2000, concert de la tour Eiffel

CHARLES AZNAVOUR

" À Johnny, j'avais dit : "Bon, *Souvenirs, souvenirs*, ça va, c'est très bien, mais tu ne peux pas continuer comme ça. Il faut que tu t'approches d'une autre clientèle, car on ne peut pas vivre que sur la jeunesse."

Et il m'a dit : "Ben t'as qu'à m'en écrire une !"

Voilà comment ça s'est fait. J'ai donc écrit quelques chansons pour Johnny [*Il faut saisir ta chance* du film *Douce Violence* en mai 1961, *Sam'di soir* et *Retiens la nuit* du film *Les Parisiennes* en janvier 1962, *Ce n'est pas juste après tout, Bonne Chance* en 1964).

On l'accueillait chez nous, on l'aimait bien. Il jouait de la guitare, ma sœur jouait du piano. C'était familial. "

Revue *Schnock* n° 23 du 7 juin 2017

GEORGES BRASSENS

" Je l'aime beaucoup. Je trouve qu'il a une efficacité énorme sur le public. Personnellement vous savez que la musique de danse ne m'a jamais vraiment passionné. Je ne me lèverai pas la nuit pour écouter de la danse mais j'aime bien Johnny, il est très sympathique. "

Radiodiffusion Télévision Française, *École des vedettes*, 12 février 1962

PIERRE BILLON

" Tu lui dis : "T'es habillé en peau de bête, tu sors d'un rocher après une explosion, tu as des lunettes avec des lasers, et avec tu mets en feu des mutants, tout en chantant 'Je suis un rock'n'roll man.'
À ce moment-là, n'importe quel autre mec te dirait : " Bouge pas, j'appelle l'asile." Mais lui, il te répond : "Ok, c'est normal, je vais le faire." Il le fait, et c'est énorme ! "

France Dimanche, 2 juillet 2010

PATRICK BRUEL

" C'était un moment très important pour moi car à ce moment-là, je suis dans une passe un peu compliquée.

Musicalement, je ne suis pas sûr que l'on m'attende, je ne suis pas sûr qu'il se passe quoi que ce soit pour moi et Johnny m'invite au stade. Dans son entourage, on lui dit de ne pas le faire, on le lui déconseille et il ne va pas céder [...]

C'est un mec, c'est vraiment un bon mec. "

TF1, *50 minutes inside*, 10 novembre 2014 à propos de l'invitation sur scène de Johnny au Stade de France le 4 septembre 1998

MATTHIEU CHEDID

" J'ai senti ce qu'était le bonheur d'être avec lui sur scène. J'ai compris ce qu'était une star, quelqu'un qui arrive avec un charisme, une histoire qui emporte la foule. "

Europe 1, 6 décembre 2010

MICHEL DRUCKER

“ Johnny m'appelle un jour, il était dans les îles, Johnny quand il m'appelle c'est 4 heures du matin : "Euh c'est Johnny, qu'est-ce que tu fais ?" Je lui dis que je dors, il me demande si j'ai vu le film *Apocalypse Now*... "Tu vas me faire *Apocalypse Now* au Stade de France, tu vas arriver avec quatre hélicoptères et tu vas me déposer sur la scène. Bonne nuit ! "

Je me réveille, je dis à ma femme : "Je crois que j'ai fait un cauchemar, on attaquait le Stade de France comme au Vietnam avec Johnny et il chantait..."

Et le jour J, au moment où on décolle, l'orage ! Tout est prêt, j'ai travaillé six mois pour la préparation et le repérage, j'ai obtenu des autorisations impossibles [...] Et puis finalement on décolle, je suis tellement content d'avoir réussi mon coup. Je suis copilote, on est au-dessus de la Défense, Bernard Schmitt nous attend, il reste 4 minutes 30, on va arriver, le Stade de France est plein. Vous imaginez, personne n'est arrivé par la voie des airs sur un stade aussi mythique !

J'ouvre la porte à glissière, tout est prêt et là, Johnny me dit : "Arrête ça tout de suite parce que j'ai le vertige, et déjà tout petit"... mais il l'a fait. ”

France 5, *C à vous*, 8 septembre 2016

JACQUES DUTRONC

“ Je l'ai connu à l'époque du square où il nous attendait à la sortie de l'école communale, car lui n'allait pas à l'école et il avait bien raison d'ailleurs.

Il attendait, il avait sa guitare, son blouson de cuir, et c'était le plus beau garçon de la bande. Il était très utile pour un tas de choses ! Il y avait toute une histoire de bande, il y avait la bande du Sacré-Cœur, et lui allait

chanter au Sacré-Cœur et ramenait quelques jeunes filles au square de la Trinité. Il était toujours accusé et il s'est pris quelques bonnes raclées.

C'était le type très chic et il est toujours comme ça. Mais moi il me fait rire. Je ne peux pas m'empêcher de rire quand je le vois. De toute façon il a un truc depuis toujours c'est qu'il impressionne. Je le trouve assez impressionnant, plus que moi en tout cas. "

Discorama, Denise Glaser, 13 août 1972

TONY FRANK

" En 1964, pendant son service en Allemagne, Johnny avait obtenu une permission pour venir chanter à Toulouse. On l'avait kidnappé pendant deux-trois jours et il s'était fait engueuler lors de son retour à la caserne. En 1966, sur la route entre Agen et Toulouse, j'avais arrêté le bus de l'équipe pour faire des photos en rase campagne. Tout le monde était descendu, Johnny de sa belle Aston Martin, les autres de leur autocar vieillot. J'avais filé un gros bouquin à Long Chris pour qu'il ait l'air d'un poète façon Dylan et un Mickey à Ticky, toujours content de faire le bouffon, comme il aimait se nommer. "

Johnny Hallyday, par Tony Frank, Édition du Seuil, 2011

JEAN-JACQUES GOLDMAN

" Il a un des plus beaux sourires que je connaisse et qui est rare. De temps en temps, quand il sourit vraiment naturellement, il a un sourire d'enfant, son visage s'éclaire et c'est rare de le voir car ce n'est pas quelqu'un d'extrêmement gai. "

M6, 1995

PHILIPPE LABRO

" Pour *Pardon* (1999), j'ai dû réécrire quatre fois la chanson. Ce n'était pas du Hallyday, ça ne venait pas assez du ventre, des tripes. Son fils, David Hallyday, qui produisait l'album, revenait me voir pour me dire : "Ce n'est pas ça qu'il veut. " Johnny est comme Piaf : il sait mieux que quiconque ce qui ne lui convient pas. "

Nouvel Obs, 24 novembre 2015

FABRICE LUCHINI

" Par le regard, par la chaleur, par l'extraordinaire délicatesse de Johnny, on ose dépasser un truc très étrange, c'est chanter devant lui ses propres grands succès. C'est très étrange de chanter devant Johnny Hallyday... "

France 3 Nord Pas-de-Calais, 15 mars 2006,
à propos du film *Jean-Philippe* de Laurent Tuel

PHILIPPE MANŒUVRE

" Johnny c'est celui qu'on appelle "le patron". Les ventes sont énormes, les tournées sont remplies. Il a cette obsession, il a cette ambition, il a cette volonté de durer. Alors que tout le monde l'attaque là-dessus. Je me souviens de ses débuts quand il est parti faire son service militaire en 64, le consensus général c'était : "Il ne reviendra pas !" Les parents, les grands-parents, les croulants comme on disait, nous expliquaient ça à nous les petits yéyés : "Il ne reviendra pas ! " "

France 2, *Les 4 vérités*, 23 décembre 2010

EDDY MITCHELL

" Ce que j'aime chez Johnny, c'est que c'est Robocop à lui tout seul, il est recousu de partout mais c'est un battant. "

Tournée *Vieilles Canailles*, conférence de presse du 6 juin 2017

CARL PERKINS

" À personne, pas même à quelqu'un de ma famille, je ne l'ai autorisé, mais à toi Johnny, je te le demande : "Marche, s'il te plaît, sur mes pompes en daim bleu !" "

Johnny Hallyday, notre icône, Laurent Lavige, Éditions Hugo Image, 2016

MICHEL POLNAREFF

" Johnny est un héros, Johnny est une superstar, Johnny est irremplaçable, c'est un combattant suprême. C'est un mec qui mérite ce qu'il est. C'est un mec d'un courage exceptionnel et il le prouve. "

Message vidéo, 9 avril 2017

JEAN-PIERRE RAFFARIN

" C'est un grand Français qui rassemble toutes les conditions, toutes les générations, toutes les régions, c'est un grand rassembleur, un grand fédérateur. "

Concert des 60 ans de Johnny Hallyday au Parc des Princes, 16 juin 2003

JEAN RENO

" Ce n'est pas facile de dire : "La seule idole, c'est Johnny Hallyday" sans que ce soit con ! Mais c'est vraiment une icône. Et ça m'a fait plaisir de lui faire plaisir. J'espère qu'il va sourire. "

À propos de son film *Antigang*, dans lequel Jean Reno fait l'éloge de Johnny Hallyday

PAROLES DE
Johnny

Pensées, confidences et phrases cultes

PET!
PET!
PET!

STEPHANE DESCHAMPS

LA PLUME

Tombé dès l'adolescence dans la bouillonnante marmite musicale des années 80 et emporté par la déferlante vague des radios libres, Stéphane Deschamps s'est plongé frénétiquement dans la vie et l'œuvre de ses héros.

Entraîné par son éternel frère d'armes Gilles Verlant, il coécrit en 2000, aux côtés de son ami belge, la biographie « pharaonique » *Gainsbourg* chez Albin Michel. Il publie dans la foulée *Nougaro à fleur de mots* et *Garou* aux éditions Hors Collection. Parallèlement, Stéphane signe de nombreuses séries radiophoniques avec Eddy Barclay, Françoise Hardy, Julien Clerc, Florent Pagny, Michel Berger, Michel Polnareff… Pour France Inter et les Radios Francophones Publiques, il écrit *Gainsbourg par Melody Nelson*.

Les doigts branchés dans la prise en permanence, Deschamps et Verlant font couiner de plaisir nos transistors durant trois ans en racontant *La Scandaleuse Histoire du Rock* sur les ondes de France Bleu. Aujourd'hui Stéphane produit la série musicale *Pop Story* présentée par l'animateur culte du Top 50 aux chemises improbables : Marc Toesca ! Dernièrement Stéphane Deschamps a publié *Gainsbourg années héroïques* (en hommage à Gilles Verlant) et *80's Génération Pop* chez Chronique Editions.

Féru de Rock'n'roll, de bande dessinées, de tatouages et de grosses cylindrees americaines, il devenait urgent pour Stéphane de célébrer le mythe Johnny aux côtés de l'inimitable Frank Margerin !

FRANK MARGERIN

LES DESSINS

Frank Margerin publia ses premières illustrations dans *Lui* et *Playboy* et on a pu lire ses premières BD en achetant des Malabar. C'est dans *Métal Hurlant* qu'il se fait un nom et ses planches sont éditées en albums chez Futuropolis, tandis qu'il signe de nombreuses pubs, affiches, pochettes de disques... Avec Denis Sire il fonde le groupe Los Crados, qui connaîtra un vrai succès public sous le nom de Dennis'twist dans les années 90.

C'est le personnage de Lucien, rocker à banane et rouflaquettes, amateur de flippers et de mobylettes, qui le rend célèbre. Puis il invente Manu, pour une série d'animation télévisuelle. Et c'est en 1993 qu'il est couronné par ses pairs en recevant le Grand Prix du Festival d'Angoulême.

En 2008 il reprend avec talent pour *Fluide Glacial* un Lucien qui a vieilli mais qui reste toujours aussi attachant.

Depuis quelques années, Margerin, associé avec Cuadrado pour le scénario, connaît un nouveau succès avec la série « Je veux une Harley », dont le tome 5 vient de sortir.

Avec une cinquantaine d'albums et de nombreux prix prestigieux, Frank Margerin est l'un des auteurs les plus talentueux et célèbres de la bande dessinée. Il a réussi à gagner le cœur du public grâce à son dessin et surtout à son humour hors du commun, gentil et généreux, comme lui.

CHRONIQUE
É D I T I O N S

Paroles de Johnny
De Stéphane Deschamps et Frank Margerin

ISBN 978-2-36602-607-8
Dépôt légal : 4e trimestre 2017
MDS : 24567
N° d'édition : C17005
Première édition.

Design graphique : Cécile Rivat
Édition : Jean-Christophe Delpierre et Mathilde Heuveline
Fabrication : Isabelle Raoul et Thierry Dubus

Achevé d'imprimer en septembre 2017
par GraphyCems (Espagne)

PAROLES DE Johnny

Pensées, confidences et phrases cultes

PAROLES DE Johnny

Pensées, confidences et phrases cultes